Acadie 1972
Naissance de la modernité acadienne

Du même auteur

Paroles d'Acadie. Anthologie de la littérature acadienne (1958-2009), Sudbury, Éditions Prise de parole, coll. «Agora», 2010, 445 p.

Françoise Bujold, *À toi qui n'es pas née au bord de l'eau*, textes présentés et établis par David Lonergan, Trois-Pistoles, Éditions Trois-Pistoles, 2010, 303 p.

Tintamarre. Chroniques de littérature dans l'Acadie d'aujourd'hui, Sudbury, Éditions Prise de parole, coll. «Agora», 2008, 365 p.

L'homme qui était sans couleurs (illustrations d'Anne Brouillard), conte, Moncton, Bouton d'or, coll. «Acadie», 2003, 48 p.

La création à cœur: l'histoire du théâtre l'Escaouette, monographie, Tracadie-Sheila, La Grande Marée, 2000, 48 p.

Paroles de l'Est, anthologie de la littérature de l'Est du Québec, Grenoble, Éditeq, 1993, 322 p.

La Bolduc, la vie de Mary Travers, biographie, Montréal, Triptyque, coll. «Chanson/Musique», 1992, 216 p.

L'été des carcasses, théâtre, Bic, Isaac-Dion Éditeur, 1991, 153 p.

Blanche, roman biographique, Montréal, Guérin Littérature, 1989, 296 p.

L'anthologie de Blanche Lamontagne-Beauregard, essai biographique, choix de textes et bibliographie complète, Montréal, Guérin Littérature, 1989, 509 p.

Les otages, théâtre, Rimouski, Éditeq, 1987, 100 p.

Sortie de secours, théâtre, avec le Théâtre Petit à Petit, Montréal, VLB éditeur, 1987, 140 p.

Ancrées dans le Nouvel-Ontario, les Éditions Prise de parole appuient les auteurs et les créateurs d'expression et de culture françaises au Canada, en privilégiant des œuvres de facture contemporaine.
Coll. « Essai ».

Éditions Prise de parole
C.P. 550, Sudbury (Ontario)
Canada P3E 4R2
www.prisedeparole.ca

La maison d'édition remercie le Conseil des Arts de l'Ontario, le Conseil des Arts du Canada, le Patrimoine canadien (programmes Développement des communautés de langue officielle et Fonds du livre du Canada) et la Ville du Grand Sudbury de leur appui financier.

David Lonergan

Acadie **1972**
Naissance de la modernité acadienne

ESSAI

Prise
de parole
SUDBURY 2013

Conception de la première de couverture: Olivier Lasser

Tous droits de traduction, de reproduction
et d'adaptation réservés pour tous pays.
Copyright © Ottawa, 2013.
Imprimé au Canada.

Diffusion au Canada: Dimédia.

Catalogage avant publication de Bibliothèque et Archives Canada

Lonergan, David, auteur
Acadie 1972: naissance de la modernité acadienne / David Lonergan.
Comprend des références bibliographiques. Publié en formats imprimé(s)
et électronique(s).
    ISBN 978-2-89423-904-9 (couverture souple). – ISBN 978-2-89423-751-9 (pdf).
    ISBN 978-2-89423-870-7 (epub)
1. Acadiens–Histoire–20e siècle. 2. Acadie–Civilisation–20e siècle. 3. Modernité–
Provinces maritimes. 4. Littérature acadienne–20e siècle–Histoire et critique. 5.
Acadiens–Identité ethnique. I. Titre.
    FC2045.L65   2013   971.5'004114   C2013-905789-7
                                                                        C2013-905790-0

ISBN 978-2-89423-904-9 (Papier)
ISBN 978-2-89423-751-9 (PDF)
ISBN 978-2-89423-870-7 (ePub)

À James de Finney, qui fut mon directeur de thèse de maîtrise et qui a bien tenté de me convaincre de faire un doctorat sur le phénomène littéraire acadien.

Lorsque j'étais étudiant à l'Université de Moncton, je me souviens des discussions entre Claude Roussel et Antonine Maillet, entre la modernité naissante et le folklore omniprésent. Roussel voyait Jackson Pollock en peignant des pêcheurs acadiens et Maillet faisait remonter la langue acadienne à l'œuvre de Rabelais. Deux mouvements, deux écoles, deux continents. Je suis allé vers les arts visuels sans que l'Acadie ne devienne jamais ni un sujet ni une source d'inspiration. Les œuvres que je faisais étaient acadiennes parce que j'étais acadien, et elles étaient modernes parce que j'essayais d'être au diapason de mon époque. En écriture c'est le contraire qui s'est produit, mais nous arrivions après une œuvre majeure, celle d'Antonine Maillet, qui va faire passer la littérature acadienne de l'oral à l'écrit, devenant ainsi, à l'instar de son illustre devancier François Rabelais, une sorte de mythe incontournable qui depuis jette une ombre dont il est difficile de se départir. Il nous restait à écrire le présent puisque le passé l'avait été. Notre projet littéraire allait se concentrer sur le réel, dont le territoire formait une composante inévitable.

HERMÉNÉGILDE CHIASSON,
« TRIPTYQUE », 8 SEPTEMBRE 1992 (ESSAI INÉDIT)

Avant-propos

Je suis venu en Acadie en 1994 comme étudiant à la maîtrise à l'Université de Moncton. Ma thèse portait sur le théâtre radiophonique de la poète gaspésienne Françoise Bujold. J'avais l'idée de faire ensuite un doctorat sur l'importance de la mer chez les auteurs des territoires qui bordent le golfe Saint-Laurent, ce qui m'a bien évidemment conduit à découvrir la littérature acadienne.

Après la maîtrise (1996), je me suis lancé dans les études doctorales. Orienté par mon tuteur James de Finney, mon sujet est devenu une étude du phénomène littéraire acadien. Je n'ai jamais terminé mon doctorat, mais j'ai continué à m'intéresser à la production artistique acadienne, publiant de nombreux articles dans différents journaux et revues en particulier dans *L'Acadie Nouvelle*.

En Acadie comme ailleurs, certains événements sont plus marquants que d'autres. C'est le cas de la fondation des Éditions d'Acadie en 1972. Pour la première fois, les auteurs acadiens peuvent désormais publier leurs œuvres en Acadie, autrement qu'à compte d'auteur. En décembre 1972, les Éditions d'Acadie lancent leur premier ouvrage, un tout petit recueil d'un animateur communautaire gauchiste: *Cri de terre*, de Raymond LeBlanc. Or nous sommes à l'époque d'un foisonnement culturel et social important, mais qui n'a pas encore de direction précise: le «phénomène littéraire acadien» est un «phénomène culturel et artistique».

Vingt-deux ans plus tard, quand j'arrive en Acadie, le milieu littéraire acadien identifie cette publication avec l'émergence de la modernité en Acadie. Pourquoi? Se pourrait-il que cette manifestation soit porteuse de plus qu'elle-même? Je me suis aperçu que plusieurs poèmes de *Cri de terre* avaient été publiés en août 1969 dans la revue *Liberté* à l'occasion d'un «spécial» Acadie. Que cette même année avait été marquée par la dernière vague des manifestations étudiantes commencées l'année précédente, ce qui m'a rappelé l'existence du film *L'Acadie, l'Acadie*, que j'avais vu à l'époque de sa sortie en 1971, mais dont je ne me souvenais guère.

Et puis en 1972, Raymond LeBlanc est un pianiste qui accompagne les chansonniers, Herménégilde Chiasson est un artiste en arts visuels qui écrit de la poésie, Léonard Forest est cinéaste et poète, Jacques Savoie compose aussi bien des poèmes que des chansons…

De découverte en découverte, l'idée d'un petit ouvrage qui tournerait autour de la fondation des Éditions d'Acadie a pris forme. Il y avait la chanson, la politique, l'éducation, la littérature, le cinéma, la société civile: tout bougeait!

Les événements de l'année 1972 ont en fait pris racine avec le premier film de Léonard Forest en 1954 et les premières publications d'Antonine Maillet et de Ronald Després en 1958, et s'étireront jusqu'en 1974.

1. Prémices

Il suffit parfois de peu de chose pour que s'effectue un changement fondamental. Ce mercredi 13 septembre 1972 n'a en apparence ni plus ni moins d'importance que les autres jours. Un petit groupe de professeurs de l'Université de Moncton discutent d'édition. Ils parlent haut et fort. Ils rêvent à ce que pourrait être une maison d'édition en Acadie. Après tout, ils sentent autour d'eux une ébullition, une excitation qui court dans toutes les directions et sur toutes les facettes de la vie. L'Acadie se transforme et pas seulement parce que le gouvernement du Nouveau-Brunswick a proclamé la *Loi sur les langues officielles* quelques années auparavant. Quelque chose de plus profond, de plus diffus émerge, spontanément semble-t-il, du milieu culturel en particulier, et ces hommes ressentent plus qu'ils n'analysent ce qu'ils perçoivent. Durant cette réunion, ils se constituent en conseil d'administration provisoire des Éditions d'Acadie, conscients de fonder ainsi la première véritable maison d'édition littéraire en Acadie.

Le 23 janvier 1973 a lieu, à l'Université de Moncton, la conférence de presse annonçant la fondation des Éditions d'Acadie. *L'Évangéline* rapporte l'événement en première page le lendemain : un court entrefilet et une petite photo, où posent certains des fondateurs. La manchette du jour affirme que « la paix au Vietnam sera signée samedi ». En page 3, un article précise que les Éditions d'Acadie veulent publier au moins trois ouvrages par an et que le premier sortira dans quelques jours.

Le principal instigateur du projet, Melvin Gallant, en est le président, Gérard LeBlanc, le vice-président, Pierre Gérin, le secrétaire ; Pierre-André Arcand, Bernard Émont, Gérard Étienne, Laurent Lavoie, Pierre L'Hérault et Gérard Snow complètent le conseil. Puisque tous ces hommes sont professeurs à l'Université, qui devient *de facto* l'adresse de la maison, *L'Évangéline* ira jusqu'à affirmer que c'est le département de français de l'université qui a mis sur pied les éditions[1].

À la suite d'une recommandation de Melvin Gallant, docteur ès lettres mais aussi bachelier en sciences commerciales, les fondateurs ont choisi de se structurer en société par actions et visent à se doter d'un capital de 10 000 $, chaque part valant dix dollars. En ce 24 janvier, ils ont amassé 2 500 $ mais, comme le souligne Gallant, la maison d'édition « ne vise aucun objectif financier, elle a pour but de promouvoir la créativité en Acadie et de défendre la culture française ». Gallant ajoute qu'« il existe un potentiel d'auteurs en Acadie. Ils attendaient une maison d'édition pour être publiés » et que « nous nous adresserons essentiellement aux professeurs et aux étudiants. Pour commencer. D'ailleurs, un grand nombre de ces professeurs veulent faire étudier des textes acadiens à leurs élèves[2]. » Par la suite, il précise le mandat de la maison : « Nous voulons jouer, en quelque sorte, le rôle d'un catalyseur, c'est-à-dire promouvoir cet élément créateur qu'il y a en tout homme afin de déclencher un processus qui le mènerait à une plus grande réalisation de lui-même et par là même du peuple dont il est issu[3]. »

Les Éditions d'Acadie veulent publier sinon tout ce qu'elles jugent intéressant, au moins un peu de tout. Durant l'automne 1972, le conseil d'administration avait défini le mandat de la maison, dont on retrouve l'énoncé dans son premier catalogue, en 1978 : « promouvoir la création littéraire en Acadie et répondre aux besoins du milieu dans tous les domaines où le livre doit jouer un rôle indispensable : histoire et civilisation acadiennes, réalités sociales et politiques, éducation, recherche » et, pour s'assurer que l'on n'exclut rien, on ajoute un « etc. » en précisant que « les Éditions d'Acadie publient en priorité du matériel acadien, sans exclure la publication d'auteurs et d'œuvres non acadiens ».

Liberté

Trois ans auparavant, la revue québécoise *Liberté* avait consacré son numéro du mois d'août 1969 à l'Acadie. Ce numéro se divise en trois parties : une est consacrée à une série d'articles sur l'histoire, la situation sociopolitique et les arts visuels, une deuxième aux textes de création, et une troisième à une évocation du mythe d'Évangéline et au journal de voyage en Acadie de Jean-Guy Pilon, responsable de la revue. Plus de 150 pages denses, pertinentes, percutantes, qui posent sur l'Acadie un regard résolument tourné vers l'avenir, et qui sont nettement orientées vers la gauche de l'échiquier politique.

Cette publication arrive alors que l'Université de Moncton (fondée en 1963) vit les derniers soubresauts d'un mouvement de contestation qui avait commencé par la grève des étudiants en 1968 et se terminera par la fermeture du département de sociologie (ouvert en 1966) et par l'implantation de mesures disciplinaires contre les leaders étudiants, en 1969.

En arrière-fond de cette contestation, la montée des nationalismes, la guerre du Vietnam, le printemps de Prague, le mouvement international étudiant (mai 1968) et les profonds changements vécus au Canada: la Révolution tranquille (1960) et la fondation du Parti Québécois (1968) au Québec, le programme «Chances égales pour tous» du gouvernement libéral de Louis Robichaud (élu en 1960) au Nouveau-Brunswick, la Commission Laurendeau-Dunton sur le bilinguisme et le biculturalisme au Canada (1963)... Le Canada vit une frénésie alimentée par des jeunes gens qui ont découvert une autre façon de voir le monde sur les bancs des universités. En Acadie, cette ébullition se manifeste en particulier à l'Université de Moncton et dans le milieu socioculturel: des groupuscules plus ou moins organisés et des individus «progressistes» s'appuient sur le marxisme et le socialisme ou s'en inspirent dans leurs actions d'animation sociale et culturelle.

Dans son article «La récupération d'un passé ambigu», paru dans *Liberté*, Camille Richard expose la problématique: «Le présent pour l'Acadien paraît parfois ambigu à souhait. Il lui reste bien sûr le passé et l'avenir, mais selon l'âge, on choisit souvent l'un ou l'autre, rarement l'un et l'autre[4].» Pour celui qui avait été un des animateurs au département de sociologie et qui choisira l'exil à la suite de sa fermeture, «récupérer les valeurs de la tradition ne doit pas signifier cependant restaurer le passé: ce serait tomber dans du traditionalisme à outrance. Il s'agit plutôt de réassumer ce passé afin de récupérer le sens de la continuité historique. [...] Projet qui s'enracine fatalement dans une double dimension temporelle: la tradition et l'avenir[5].»

Richard pose ensuite une série de questions qui non seulement se retrouveront au cœur du débat de société, mais alimenteront le discours de nombreux artistes qui émergent au même moment, que ce soit en cinéma, en arts visuels, en poésie, dans le roman, le théâtre ou la chanson populaire : « comment oublier son défaitisme séculaire ; comment s'arracher d'une histoire de repliement, de passivité et de pauvreté ; comment séculariser ou laïciser une culture qui a accordé une si large part au religieux ; comment urbaniser un monde dont les racines s'agrippent toujours solidement en pleine terre rurale ; comment en somme rompre avec un passé si lourd sans risquer un déracinement total, sans hypothéquer et déposséder pour des générations à venir tout un monde en droit de s'exprimer, de vivre ? Le problème n'est plus, s'il le fut déjà, de permettre à l'Acadie de sauver une langue encore trop souvent "bâtarde". Le défi du moment, c'est de construire une culture qui soit un lieu habitable pour les générations de demain, un monde où la langue sera porteuse de valeurs authentiques[6]. »

Espoir que ne partage pas Michel Roy dans son « Survol historique de l'Acadie », où il conclut : « Aujourd'hui les Acadiens des Maritimes sont à un tournant dramatique de leur histoire. Les facteurs traditionnels de survie : l'isolement, le type de vie rural, la force du concept "langue religion", l'illettrisme, l'absence de mobilité personnelle, la famille-troupeau, ces facteurs et quelques autres jouent de moins en moins en faveur de la survivance[7]. »

Roy constate que les Acadiens sont divisés sur certaines orientations politiques : une « certaine élite tente désespérément d'ériger la future capitale de tous les Acadiens des Maritimes » à Moncton, et si « l'union politique des provinces maritimes favoris[ait] la réalisation d'un tel projet », Michel Roy croit que « la dilution des forces françaises dans le grand Tout loyaliste des provinces maritimes » ne peut conduire qu'à un cul-de-sac ; les Acadiens ne sont pas assez nombreux dans les trois provinces pour avoir une réelle force politique. À l'opposé de ce courant favorisant l'union, « dans la région du nord-est de la province un courant pro-québécois se dessine avec une précision de plus en plus nette. Beaucoup d'étudiants refusent l'option Moncton et tendent à identifier leur avenir à celui du Québec. » Michel Roy ne perçoit pas de solution.

Dans l'entrevue qu'il avait accordée à Dorval Brunelle pour l'émission radiophonique *Tel Quel* en août 1968 et que publie *Liberté*, Michel Blanchard pose en termes plus crus les « problèmes qui tiennent à la difficulté d'intégrer le développement de la "culture acadienne" au développement du Nouveau-Brunswick[8] » : « Jusqu'à cinq ans passés, les Anglais et les Français s'entendaient bien à Moncton, c'est vrai parce que les Français parlaient anglais, "c'tait du ben bon monde", on s'organisait bien, mais depuis que les Français ont décidé qu'ils n'étaient pas pareils, exactement identiques aux Anglais, là c'est pas si beau, ça marche pas si bien[9]. »

Mais le conflit linguistique n'est pas l'unique problème des Acadiens. Dans son article « La répression en Acadie », Roger Savoie met en cause le rôle de l'élite acadienne : « Ce qui se passe aujourd'hui n'est que la suite logique d'une politique obscurantiste qui sévit en terre acadienne depuis toujours. Un climat de répression et de peur, créé par une élite dominatrice, paternaliste et ignorante. […] La pseudo-élite acadienne souffre d'une suffisance intellectuelle doublée d'une insuffisance culturelle indécrottables. Elle ne semble avoir qu'une seule préoccupation :

ne pas faire d'histoire, ne pas déranger l'ordre établi et le savoir reçu[10]. »

L'article « L'art en Acadie » de Pierre Villon retrace l'évolution de la production des artistes depuis 1961. Villon a choisi de laisser la parole à Claude Roussel, « l'homme-orchestre des beaux-arts acadiens, artiste résident et professeur à l'Université de Moncton », à Ghislain Clermont, professeur d'histoire de l'art à la même Université, et à Herménégilde Chiasson, jeune bachelier. Si en 1961, Roussel déclarait que « c'est pénible à dire qu'à mon avis l'art acadien n'existe pas encore[11] », en 1965, alors qu'il organise à la Galerie d'art de l'Université de Moncton l'exposition *Sélection '65*; il note : « ce qui est encourageant, c'est de voir que nos artistes ne sont pas fermés sur eux-mêmes en étant étroitement régionalistes, mais qu'ils s'identifient aux grandes recherches qui se font partout dans le monde[12] ». *Sélection '67* suit, qui regroupe neuf artistes dont Herménégilde Chiasson, Georges Goguen, Claude Roussel et Roméo Savoie. Mais, comme Herménégilde Chiasson le confie à Villon en mars 1969, cette volonté de faire de l'art contemporain est le fait d'une poignée d'artistes : « Devenir artiste en Acadie, ça correspond peut-être à un certain sens du masochisme[13]. »

Les textes littéraires suivent : un très doux poème de Léonard Forest qui lie mer, Acadie et espoir, les premiers chapitres du roman *Don l'Orignal* d'Antonine Maillet, les suites poétiques nationalistes de Raymond LeBlanc et de Roger Savoie, plus politiques chez le premier et humanistes chez le second, quelques poèmes de Marie-Josée Marcil, Herménégilde Chiasson et Roméo Savoie et, en finale de cette section, la réflexion mobilisatrice de Léonard Forest sur l'*Evangeline* de Longfellow : « L'Acadie – celle du Nouveau-Brunswick surtout – n'est plus à l'heure du silence. L'Acadie fait du bruit et laisse tomber les longues jupes de la pudeur dans lesquelles mijotait un mélange de patience, de peur et de passivité. Cette Acadie nouvelle conteste sa propre fidélité. Elle l'interroge, la secoue, la redéfinit au futur. Dans ce débat souvent douloureux, parfois violent, on ne veut plus entendre les soupirs de celle qui fut, pendant un siècle, à la fois l'héroïne et la sainte, à la fois souvenir et symbole d'espoir, à la fois fierté et honte. Évangéline est l'image même de la fidélité, mais la jeune Acadie veut descendre de son socle la fidélité[14]. »

Ce texte est comme un écho à la conférence qu'avait donnée Roger Savoie le 5 février 1968 à la boîte à chansons Chez Lorentin de Moncton, alors qu'éclatait le conflit qui allait mener quelques jours plus tard à la grève des étudiants de l'Université : « C'est une question de pain et d'argent. C'est aussi une question de dignité humaine. C'est une question de vie. Vivre, bon sang ! Vivre, non pas vivoter, non pas subsister, non pas respirer, non pas survivre. Vivre[15] ! » Mais dans « Chanson cosmique », un des poèmes de sa suite dans *Liberté*, cette quête d'une Acadie vivante lui apparaît impossible : « Et je me cherche un coin de terre / Plus grand qu'un cimetière […] Ma chanson est déracinée / Et je cherche ma destinée / J'habite une maison de fou / Et je suis né la corde au cou[16]. » Prêtre laïcisé, ex-professeur à l'Université de Moncton, Roger Savoie choisit l'exil québécois comme plusieurs intellectuels de cette époque. D'autres lutteront, comme le crie Raymond LeBlanc dans « Poème pour révolutionnaires » : « Et aussi longtemps qu'il le faudra / Nous démasquerons les paysages / Fabriqués pour le repos des sages / Faux-semblants enroulés dans leurs draps[17]. »

Les pionniers de l'art contemporain

Parallèlement au mouvement littéraire naissant apparaissent des artistes visuels qui s'inscrivent de pied ferme dans la modernité. Claude Roussel, Roméo Savoie et Georges Goguen sont ceux qui exerceront le plus d'influence sur les jeunes artistes acadiens.

Claude Roussel

Considéré comme le «père» de l'art contemporain en Acadie, Claude Roussel est né le 6 juillet 1930 à Edmundston. Il étudie à l'École des beaux-arts de Montréal de 1950 à 1956, puis enseigne dans diverses écoles d'Edmundston de 1956 à 1959. De 1959 à 1961, il est directeur adjoint de la galerie d'art Beaverbrook de Fredericton. Il séjourne en Europe en 1961, et entre à l'Université de Moncton l'année même de sa création, en 1963.

Responsable du Studio d'art, il décide d'exposer les œuvres des quelques peintres qui explorent la modernité en Acadie. Il fonde la Galerie d'art de l'Université en 1965 et organise, en 1967, *Sélection '67*, l'exposition que l'on identifiera par la suite comme fondatrice de la modernité acadienne, et qui réunit sœur Eulalie Boudreau, Herménégilde Chiasson, sœur Gertrude Godbout, sœur Hilda Lavoie, Edward Léger, Claude Picard, Roméo Savoie, Georges Goguen et Claude Roussel lui-même.

Dans le catalogue de l'exposition, il écrit: «Sauf quelques exceptions, nos artistes ont rarement été choisis pour participer aux expositions d'envergure nationale. Depuis quelques années, pour la première fois de notre histoire, nos artistes ont travaillé à développer leurs œuvres dans un esprit original et contemporain. Nous espérons que cette exposition éveillera de l'enthousiasme et une fierté nouvelle pour nos artistes. Cette exposition regroupe neuf artistes qui exposent chacun six de leurs œuvres. En général, la vitalité créatrice qui semble se dessiner chez nos artistes laisse entrevoir, pour les années à venir, le développement d'un art aussi dynamique et d'avant-garde qu'en aucune autre région du Canada.» Opinion que partage le conservateur de l'exposition, Ghislain Clermont, qui écrit: «L'Université de Moncton, dès sa fondation, a témoigné d'un précédent heureux en instituant un département des beaux-arts et une galerie d'art. C'est la première fois que les administrateurs canadiens-français du Nouveau-Brunswick s'intéressent aux arts visuels. Et parce que les artistes canadiens-français du Nouveau-Brunswick pratiquent maintenant un art dynamique, intriguant, dans la veine moderne, on ne peut s'attendre de leur part qu'à un rayonnement d'envergure nationale.»

Claude Roussel fonde le département des arts visuels en 1971 et y enseigne jusqu'à sa retraite, en 1992. Il incitera les jeunes artistes à s'inspirer de leur milieu tout en utilisant des techniques et des approches contemporaines, et il prêchera par l'exemple: ainsi crée-t-il en 1971 une sculpture monumentale installée à l'entrée de l'hôtel de ville de Saint-Jean. En 1972, il est nommé au Conseil des arts du Canada pour un mandat de trois ans.

Roméo Savoie

Né le 9 mars 1928 à Moncton, Roméo Savoie obtient un baccalauréat au Collège Saint-Joseph (Memramcook) en 1950, puis un baccalauréat en architecture de l'École des beaux-arts de Montréal (1956). Il travaille comme architecte à Montréal et dans quelques villes du Nouveau-Brunswick jusqu'en 1970, alors qu'il décide de se consacrer à la peinture. Après un séjour de presque deux ans en France (1970-1972) durant lequel il se consacre à la peinture, il s'établit dans la région de Moncton. Il travaille à la pige comme designer et comme scénographe, enseigne les arts à l'Université de Moncton, réalise de temps en temps des édifices (une cinquantaine entre 1959 et 1981) tout en peignant.

Sa première exposition solo est présentée au Centre culturel canadien à Paris en 1971, puis reprise à la galerie Colline à Edmundston, en novembre 1972. Dans *L'Évangéline* du 13 novembre 1972, il définit son approche de la peinture dans un texte aussi novateur qu'important pour les jeunes artistes acadiens : « Mes préoccupations au niveau de la créativité et du beau se rattachent par goût à tout ce qui est graphique dans le sens du dessin, non pas un dessin construit, architectural, mais naïf, gestuel, poétique, lyrique. [...] À mesure que je progressais dans la conquête du dessin, les fonds prenaient de plus en plus d'importance. Alors arriva ce qui devait arriver : les fonds devinrent ma préoccupation première. Comme je n'arrivais pas à leur imprimer le mouvement gestuel que je souhaitais, je me suis résigné à faire face à ce problème, soit par la force, l'intrigue ou la tendresse. Le rite ancestral de la conquête de la connaissance était commencé. »

Il exercera une grande influence sur les jeunes artistes, autant par son approche de l'abstraction que par la régularité avec laquelle il expose, explorant chaque fois de nouvelles pistes. S'il publie des poèmes occasionnellement en revue, il faudra attendre 1981 pour que son premier recueil, *Duo de démesure*, le soit aux Éditions d'Acadie.

Georges Goguen

Né le 3 avril 1934 à Moncton, Georges Goguen abandonne ses études en 11ᵉ année et entre comme commis chez Eaton. Il y rencontre Fred Kurby, illustrateur du bureau de publicité d'Eaton dont il admire les illustrations. À l'époque, les catalogues étaient essentiellement constitués de dessins plutôt que de photos. Goguen a un bon coup de crayon et aime dessiner. Il suit le cours de l'International Correspondance Schools (ICS) de Scranton (Pennsylvanie) en 1953 et 1954, et succède à Kurby dès 1956.

Les artistes sont inexistants dans l'univers de Goguen : les seuls dont il entend parler sont des paysagistes amateurs. Lentement, il s'ouvre à l'art contemporain en s'abonnant à des revues d'art. Il peint en amateur, expose localement, mais sans trop savoir où il va. C'est lors d'un séjour à New York qu'il découvre l'art moderne, en particulier Soulages : abandonnant le figuratif, il explore alors l'expressionnisme abstrait. Claude Roussel l'y encourage.

En septembre 1970, il entre au service de Radio-Canada à Moncton pour fonder le département d'arts graphiques, dont il assumera la responsabilité jusqu'à sa retraite en 1995. Déterminé à ce que Radio-Canada favorise la promotion des arts, en particulier des arts visuels, il convainc la direction de se servir des murs de l'édifice pour présenter des œuvres d'artistes de l'Atlantique, ce que la direction accepte : il y organise une petite galerie qui est inaugurée en 1973 par un solo de ses œuvres, bientôt suivi de celles de Pavel Skalnik, enseignant au département des arts visuels. Il en assumera bénévolement la responsabilité jusqu'à sa retraite, en 1995. Parce que Radio-Canada présentera systématiquement des capsules vidéo de chaque exposition, la galerie aura une grande importance pour le rayonnement des arts en Acadie.

Malheureusement, Radio-Canada a fermé cette galerie en mai 2013 à cause de coupures dans son budget de surveillance des lieux.

La tentation québécoise

En décembre 1970, Raymond LeBlanc, poète porte-parole de la nouvelle génération, musicien et militant nationaliste marxisant, publie dans *L'Embryon*, le journal étudiant de l'Université, un « Manifeste politique » dans lequel il identifie « les conditions (théoriques) de notre libération » en mettant de l'avant la nécessité de se lier au Québec. Il faut, écrit-il, se libérer « de notre peur qui est à l'origine religieuse », de la « domination du système capitaliste », « refuser toute idéologie axée sur le passé, tout nationalisme de grande famille dispersée », « concentrer nos énergies sur le sort des francophones du Nouveau-Brunswick, [...] comprendre que c'est sur le statut linguistique que doit se fonder notre projet collectif ». Pour cela, il faut « créer un parti acadien socialiste afin d'affirmer et de maintenir au provincial les droits de cette nouvelle collectivité francophone au sein d'une province bilingue », qui permettra de « se dessiner une géographie » dont le territoire groupera « toutes les minorités importantes du littoral, de Memramcook à Edmundston, et qui « se nommera Acadie, avec statut unilingue français[18] ».

Et LeBlanc affirme qu'une fois cette collectivité réalisée, il faudra « se créer une nouvelle origine, l'avenir, vouloir le suicide collectif, et s'annexer au Québec, se québéquiser, rejoindre nos frères québécois qui parlent la même langue que nous, le français, opter pour que la région Acadie devienne un comté au sein d'un Québec fort, souverain, puis à la longue, État indépendant et socialiste. Pays, petite nation avec son ouverture sur le monde[19]. » Si ce projet ne se matérialise pas, il n'y a pas d'autre solution « que l'assimilation, l'union aux Provinces Maritimes, l'annexion au Québec des trois comtés à majorité francophone, le Madawaska, les comtés de Gloucester et de

Restigouche ». Et il termine par un appel : « fini le temps de quémander, il est temps de créer un pays, de devenir des hommes, de prendre en main notre destinée[20]. »

Ce manifeste est une synthèse des idées esquissées lors du Ralliement de la jeunesse acadienne qui a eu lieu en avril 1966 au Collège Saint-Joseph de Memramcook, développées par Roger Savoie en 1968, et nourries ensuite par l'espoir que suscite le Parti Québécois. L'idée de l'annexion au Québec sera au centre de bien des discussions, à tel point que lors de l'assemblée générale annuelle du 2 février 1970 de la Société Nationale des Acadiens (SNA)[21], Michel Blanchard et Joseph-Yvon Thériault proposent « qu'un comité d'étude soit formé par le conseil d'administration de la SNA pour étudier l'éventuelle possibilité d'une annexion du Nord et du Nord-Est du Nouveau-Brunswick à la province de Québec, que ce comité fasse rapport d'ici deux ans et propose par la suite des solutions à ce sujet ». La proposition suscite une discussion enflammée ; le vote, 44 voix pour et 61 contre, enthousiasme les partisans du « oui » tout en permettant à ceux du « non » de soupirer de soulagement. Mais ce débat sonnait le glas de l'idée de fusion des Provinces maritimes que Louis Robichaud avait mise de l'avant et qu'une partie de l'élite appuyait.

Le Parti Acadien

Insatisfaits des partis traditionnels, et inspirés par l'expérience du Parti Québécois, André Dumont, Jacques Fortin, Arthur William Landry, Donald Poirier, Armand Roy et Lorio Roy, un groupe de jeunes réunis autour d'Euclide Chiasson, professeur de philosophie au Collège de Bathurst, cherchent à créer un parti politique qui défendrait la cause acadienne. Le 6 février 1972, ils fondent le Parti Acadien et publient dès le printemps le manifeste qui précise les grandes lignes de son action, qu'ils signent collectivement et dont l'introduction donne le ton : « Dans notre système démocratique, les citoyens, librement, votent pour le parti de leur choix. C'est un droit. Nous, les Acadiens, aucun parti distinctif ne nous représente à Fredericton. Ce seul argument justifie notre projet : celui de présenter aux prochaines élections provinciales des candidats au nom du Parti Acadien[22]. »

L'idéologie du Parti puise aussi bien dans le populisme, le réformisme que le socialisme et le coopératisme. Le Parti demeure vague quant à l'organisation politique et propose « la tenue de deux référendums, non truqués, auprès de l'électorat français uniquement[23] » : un premier qui porterait sur l'acceptation ou le rejet d'une union des provinces maritimes – rejet que propose par ailleurs le Parti – ; un second qui offrirait le choix entre le statu quo et la reprise en main de l'administration d'État par les Acadiens – reprise que favorise le Parti sans en préciser le mode. Le *Manifeste* est distribué au Québec par l'Agence de distribution populaire et les Éditions Parti Pris, ce qui dénote de la sensibilité « socialiste » des fondateurs qui, tout en rejetant l'idée de lutte des classes[24], affirment qu'« on n'aidera jamais les pauvres par le truchement des riches. La seule issue pour les pauvres est de devenir forts : la puissance verte, le black power, le slave power, le frog power[25]. »

Le congrès de fondation a lieu le 11 novembre à Bathurst, et le Parti Acadien y présente son premier candidat à l'élection partielle de la circonscription de Bathurst, qui se tiendra le 11 décembre 1972. Louis-Lévis Boudreau y obtient 443 votes, dépassant son objectif avoué de 400 voix…

L'Acadie, l'Acadie

En juillet 1971 sort à l'affiche le documentaire de Michel Brault et Pierre Perrault, *L'Acadie, l'Acadie*. Tourné sous la forme du cinéma vérité, ce film relate les événements qui ont secoué l'Université de Moncton entre le 8 février 1968 et la fin mars 1969, en n'exposant que le point de vue des étudiants et en accompagnant un petit groupe de leaders et quelques autres, qui seront presque les seuls à prendre la parole. Au centre du film, les quatre meneurs : Michel Blanchard, Irène Doiron, Bernard Gauvin et Blandine Maurice ; et au second plan, quelques étudiants, dont un reparaît régulièrement, un peu comme une ponctuation : Régis Brun, qui publiera en 1974 un des romans importants de l'époque, *La Mariecomo*, aux Éditions du Jour. Brault et Perrault réussissent à capter l'essentiel des étudiants et de leurs actions, mettant de l'avant les événements clés : la marche sur l'Hôtel de ville de Moncton ; la demande de services bilingues présentée au maire Leonard Jones en anglais, à la demande de ce dernier (une scène totalement surréaliste et pourtant bien réelle) ; l'épisode de la tête de cochon déposée chez le maire Jones en guise d'excuse pour l'intervention à l'Hôtel de ville, « un cadeau en symbole de notre amour pour ses principes » ; la marche sur l'assemblée législative à Fredericton pour réclamer une aide financière accrue à l'Université ; comme le dit Michel Blanchard ; l'échec de la grève, les vacances puis, en janvier 1969, l'occupation du pavillon des sciences, qui dure neuf jours et se termine en queue de poisson. Le film prend fin sur la dispersion du groupe en mars, et le vif sentiment d'avoir rencontré un échec : trente étudiants, dont Michel Blanchard, sont renvoyés ; le département de sociologie est supprimé (il sera rétabli en 1974) tandis que, à la collation des grades, l'Université remet un doctorat honoris causa à Pierre Elliott Trudeau. Celui-ci, durant son allocution, souligne la bonne entente qui règne entre les francophones et les anglophones au Nouveau-Brunswick.

Le discours des étudiants est décousu, et il serait périlleux de tenter d'en dégager autre chose que des revendications factuelles : il faut geler les frais de scolarité, investir davantage dans l'éducation supérieure, exiger des services en français et la reconnaissance par les anglophones du fait français. Par contre, la caméra de Michel Brault a saisi l'âme des étudiants, leurs angoisses, leurs rêves et leurs espoirs. Au montage, Perrault a mis en relief des phrases clés qui révèlent le cœur du vécu et de la pensée des étudiants, dont le « C'est l'impossible qu'il faut que tu fasses » de Michel Blanchard.

À l'épilogue, alors que le groupe se disperse, deux scènes disent l'ambiguïté de ces jeunes Acadiens. Blandine, qui a finalement décidé de garder son bébé après avoir envisagé l'avortement (solution qu'avait choisie Irène quelque temps auparavant), laisse entrevoir un mince espoir qui justifie à ses yeux son choix : « La société est malade mais tout le monde n'est pas malade. » Mais l'image finale est laissée à Irène : « On s'est fait écraser… Peut-être l'Acadie, c'est un détail. » Et elle répète « détail » dans un léger ricanement qui se termine en suspens.

L'élite

Pourtant, malgré les critiques qui lui étaient adressées par les étudiants et certains penseurs, l'élite traditionnelle agissait et contribuait à transformer la société acadienne. Une bonne partie de cette élite a été membre de l'Ordre de Jacques-Cartier, un ordre secret canadien-français connu sous le nom de La Patente, fondé à Ottawa en 1926, actif jusqu'à sa discrète dissolution en 1965. « L'Ordre avait pour mandat de réunir et de former des militants pour les besoins de la religion et du pays. Ses membres devaient s'infiltrer dans diverses organisations afin de faire passer les idées de l'Ordre et de défendre la cause partout où il y avait des Canadiens français[26]. »

Si l'Ordre avait été à l'origine de l'amélioration de la situation des Canadiens français depuis plusieurs décennies, il est de plus en plus contesté durant les années 1950, alors que de jeunes intellectuels et militants l'accuseront de figer la situation en ne la transportant pas sur la place publique. Il perd toute pertinence au début des années 1960, au cours desquelles la société change profondément.

L'élection de Louis Robichaud le 27 juin 1960 a symbolisé pour les Acadiens la reconnaissance par les anglophones de leur existence : s'il est le troisième Acadien à devenir premier ministre, il sera par contre le premier à être élu au suffrage universel et le premier à nommer six Acadiens ministres dans un cabinet provincial qui compte alors douze ministres. Robichaud modernise l'appareil d'État provincial à un point tel que l'on pourra parler a posteriori d'une « Révolution tranquille acadienne[27] ». Faisant siennes les principales recommandations de la Commission Byrne (1962-1963) sur la finance et la taxation, Robichaud réforme profondément le système de taxation à la suite de sa réélection en 1963, à l'issue d'une campagne électorale marquée par le slogan « Chances égales pour tous ». Le gouvernement accroît sa part des impôts, jusqu'alors surtout prélevés par les instances locales (comtés et municipalités), ce qui permettait aux régions favorisées – urbaines et majoritairement anglophones – d'avoir davantage de services que les défavorisées – rurales et majoritairement acadiennes. Cette réforme lui permet de mieux répartir les services en éducation, en santé, en aide sociale et en justice. S'appuyant sur la Commission Deutsch sur l'enseignement supérieur au Nouveau-Brunswick (1962), le gouvernement réforme également le système d'éducation en profondeur et, surtout, il crée l'Université de Moncton en regroupant les collèges Saint-Joseph (Memramcook et Moncton), Notre-Dame d'Acadie (Moncton), Sacré-Cœur (Bathurst), Saint-Louis-Maillet (Edmundston) et Jésus-Marie (Shippagan). Robichaud s'attaque aussi à l'enseignement élémentaire et secondaire, ce qui entraînera la fin des écoles bilingues et instaurera l'utilisation de textes rédigés en français pour l'enseignement de toutes les matières dans les écoles acadiennes. Enfin, le 11 avril 1969, il fait adopter à l'unanimité la *Loi sur les langues officielles,* par laquelle le Nouveau-Brunswick devient « officiellement et dans la pratique une province dotée de langues officielles, l'anglais et le français, dans le nouveau contexte national à cet égard », comme l'affirme le discours du trône du 27 février 1968; les derniers articles de cette loi seront promulgués en 1977.

L'élite acadienne travaille à obtenir la reconnaissance de l'Acadie non seulement à l'intérieur du Nouveau-Brunswick et des deux autres provinces maritimes, mais également à l'extérieur. Le 20 janvier 1968, quatre Acadiens sont reçus avec les honneurs accordés habituellement aux chefs d'État par le président de la France, le général de Gaulle : il s'agit du docteur Léon Richard, ophtalmologue à l'Hôtel-Dieu de Moncton et président de la SNA; de Gilbert Finn, directeur général de la Société l'Assomption et président de Gestion atlantique (une succursale de l'Assomption propriétaire du quotidien *L'Évangéline*); d'Adélard Savoie, recteur de l'Université de Moncton; et d'Euclide Daigle, vice-président de l'Association acadienne d'éducation. Au-delà de l'aide financière que la France accordera à l'Acadie dans les domaines de l'éducation et de la culture, l'élite acadienne a le sentiment d'une grande victoire contre le destin, comme en témoigne le titre de *L'Évangéline* du 22 janvier 1968, paru le lendemain du retour de ceux que le quotidien français *Le Figaro* avait surnommés «les quatre mousquetaires»: «L'Acadie renaît! Grâce à l'aide française[28].»

Réélu deux fois, Louis Robichaud cède le pouvoir au conservateur Richard Hatfield lors de l'élection du 26 octobre 1970, alors que le Québec est plongé dans ce que l'on appellera la crise d'Octobre. Comme à chaque élection, les Acadiens sont fidèles au Parti libéral, et seuls trois conservateurs acadiens sont élus, que Hatfield nomme ministres, dont Jean-Maurice Simard, qui devient l'émissaire de Hatfield auprès des Acadiens, aux Finances. Comme le rappellent Cormier et Michaud dans leur biographie d'Hatfield, celui-ci est «persuadé que le Nouveau-Brunswick peut servir d'exemple d'unité au reste du Canada[29]», et il compte «désamorcer les tensions en donnant au Nouveau-Brunswick une identité propre fondée sur l'harmonie entre ses deux communautés linguistiques. Sa réalisation permettrait d'atteindre un double objectif: donner à la province une définition qui lui manquait et, dans le contexte politique canadien, montrer au reste du pays que la notion de Canada bilingue et biculturel imaginée par Davidson Dunton et André Laurendeau était bel et bien viable[30].»

Hatfield continuera les réformes entreprises par Robichaud en commençant par l'épineux problème du district scolaire bilingue de Moncton. Depuis 1966, les francophones réclamaient la division de ce district en fonction de la langue; le 11 février 1971, Hatfield leur donne raison en regroupant les élèves francophones du district 15 (Moncton) avec ceux du district francophone de Shédiac (le district 13).

Vers une littérature acadienne

En janvier 1972, *La Revue de l'Université de Moncton* fait paraître un numéro spécial consacré à la poésie acadienne. Dans sa présentation, Pierre-André Arcand écrit : « Il n'entre pas dans la politique habituelle de *La Revue* de faire fonction d'éditeur. Mais il était urgent, vu l'absence d'une maison d'édition, de donner un débouché aux poètes acadiens. On sait combien cela importe dans la poursuite d'une carrière, combien il est important que la reconnaissance vienne du milieu[31]. »

Curieux numéro que ce numéro d'une revue universitaire, d'ordinaire plus orientée vers la publication d'essais de professeurs que vers celle d'œuvres de création, encore moins d'œuvres nées de la plume d'écrivains en herbe, pour ne pas dire « amateurs ». On doit l'idée à l'initiative de Gérard LeBlanc, Adrice Richard et Pierre Roy, trois étudiants à la maîtrise. À la suite du visionnement du film *La Nuit de la poésie* (du 27 mars 1970, qui avait eu lieu à Montréal et qui mettait en scène la mouvance de la poésie québécoise), ils organisent une Soirée de la poésie à l'Université, qui remporte un vif succès et qui les stimule : « Nous rêvions toujours d'une soirée de la poésie à l'échelle de la province mais cela demeurait un rêve. Comment rejoindre nos poètes ? Quel était leur nombre[32] ? » Encouragés par leurs professeurs et appuyés par le directeur de *La Revue*, Serge Morin, les trois étudiants montent l'ambitieux projet de « faire un recensement des poètes francophones du Nouveau-Brunswick », de publier une anthologie et de développer des outils pédagogiques. Ils obtiennent l'appui du programme fédéral Perspectives-Jeunesse et engagent deux étudiants du baccalauréat en lettres : Jean Babineau et Ronald Léger, «amateurs de camping», parcourent «la province à la recherche de poèmes» tout en utilisant judicieusement les médias pour promouvoir le projet. Ils réussissent à «réunir au-delà de 700 textes provenant des écoles secondaires de la province[33]», et plusieurs autres écrits par des adultes. Sur les 228 «poètes» qui soumettent des textes, 29 sont retenus pour l'anthologie; certains d'entre eux persévéreront dans un genre littéraire ou un autre : Guy Arsenault, Calixte Duguay, Anna Girouard, Ronald Léger, Rino Morin (Rossignol) et Jacques Savoie. D'autres, identifiés comme poètes même s'ils n'ont pas soumis de textes ou sans en avoir eu de retenus, feront de même : Sylvio Allain, Jean Babineau, Herménégilde Chiasson, Gracia Couturier, Maurice Raymond et Albert Roy. Deux dossiers s'ajoutent à l'anthologie : le premier sur Ronald Després, unique poète «moderne» reconnu, et le second sur Raymond LeBlanc, qui avait alors publié quelques poèmes et dont certains («Acadie», «Petitcodiac», «*Levate spririmer populo*») étaient bien connus.

Deux essais encadrent la section consacrée à l'anthologie, traçant le portrait de la situation de la poésie acadienne : «Bilan des 20 dernières années» de Gérard LeBlanc et Pierre Roy précède l'anthologie, et «Sur la production poétique au Nouveau-Brunswick», d'Alain Masson, la clôt. Le premier constat que posent LeBlanc et Roy est celui de la quasi-absence de recueils en circulation : seuls Eddy Boudreau (*La vie en croix*, 1948 ; *Vers le triomphe*, 1950), Napoléon Landry (*Poèmes de mon pays*, 1949 ; *Poèmes acadiens*, 1955), François-Moïse Lanteigne (*Lyre d'Acadie*, 1951 ; *L'odyssée acadienne*, 1955) et Ronald Després (*Silences à nourrir de sang*, 1958 ; *Les cloisons en vertige*, 1962; *Le balcon des dieux inachevés*, 1968) ont publié. Les thèmes et le style des trois premiers sont tournés vers le passé. Després, par contre, s'inscrit dans les courants poétiques contemporains: «la poésie de Després, expliquent LeBlanc et Roy, opère sous le signe de l'éveil, de la révolte et d'une tentative de libération individuelle. Il s'agit d'une recherche menée dans la solitude, d'une aventure intérieure très intense. Cette quête de l'être l'amènera à s'exiler du Nouveau-Brunswick[34].» Par contre «l'effort poétique [de Raymond LeBlanc] ne se situe pas au niveau de l'individu: le poète s'engage au nom de la collectivité. La recherche poétique s'oriente davantage dans le sens de la libération du groupe ethnique dont le poète se sent à la fois solidaire et distant. Tenter de rallier les consciences autour du pays à faire, voilà ce qui va de pair avec les innovations assez audacieuses d'une écriture qui se cherche[35].» En quelques phrases, les deux auteurs viennent de synthétiser le parcours de la poésie acadienne.

Alain Masson se voit confier le rôle d'analyste de la production des poèmes colligés lors de cette quête, insistant plus particulièrement sur ceux figurant dans l'anthologie. Un texte de fond, riche, intéressant et porteur d'un point de vue de *cheerleader*: en ce début d'année 1972, l'objectif n'est pas de critiquer ni les forces ni les failles ou les faiblesses, mais de stimuler la création poétique. Masson suspend son sens critique, choix justifié dans le contexte et qui exprime bien la façon dont il a vécu son séjour en Acadie. Ce diplômé de l'École normale supérieure a choisi d'être coopérant en Acadie, une façon élégante d'être utile tout en faisant son service militaire; ce programme de coopération est une des conséquences directes de la visite des quatre délégués en France, et permet à de jeunes intervenants culturels français de travailler en Acadie dans les domaines où ils ont été formés. Masson enseigne à l'Université de Moncton de 1968 à 1971 et, une fois rentré en France, garde des liens avec l'Acadie, produisant des articles sur la littérature acadienne qu'il fera paraître dans différentes revues et qui, pour ceux de la période 1972-1991, ont été rassemblés dans *Lectures acadiennes* (Éditions Perce-Neige, 1994).

Face aux textes retenus dans l'anthologie, le défi de Masson est énorme: si les auteurs mis en relief semblent prometteurs – Guy Arsenault, Calixte Duguay, Rino Morin, Jacques Savoie qui persévèreront, et Denise Basque, Luc Charest, Raynald Robichaud qui disparaîtront du paysage littéraire, occupent 30 des 54 pages –, les textes des autres poètes sont plus que fragiles. Celui de Masson ouvre sur une affirmation révélatrice: «Rien de précis ne correspond à l'appellation de littérature acadienne». Il constate que «l'institution littéraire est donc absente de nos rivages. Les écrivains un peu connus vivent parfois et publient toujours au Québec. Être Acadien ne peut guère signifier dans leur pratique qu'une marque par rapport à la québécité.» Puis il précise qu'«il faut avouer qu'en dehors de Ronald Després, poète difficile, et de Raymond LeBlanc, que les francophones du Nouveau-Brunswick se refusent à reconnaître pour des raisons politiques[36], cette littérature officielle est fort médiocre[37]». En analysant les textes colligés, Masson trace un portrait vivant de la situation, liant dépossession et écriture, et posant le problème de l'absence de tradition littéraire. Cherchant à définir en une image cette écriture, il en arrive à «sauvage», un mot qui fera fortune en littérature acadienne, en spécifiant que «sauvage n'est pas dans ce pays un terme péjoratif[38]». Il fait ressortir avec beaucoup d'acuité l'intégration de l'anglais, des mots inventés, des mots détournés de leur sens, des libertés grammaticales. Cette écriture débouche non pas sur l'art mais sur une «pratique sociale[39]»: «L'écriture sauvage n'est pas une violence faite à l'écriture, c'est une écriture de la "passion" au sens rousseauiste, et une passion de l'écriture[40]». L'enthousiasme de Masson est partagé par les poètes qui ont participé à l'expérience et par les animateurs de l'expérience. Ceux-ci ont l'impression de vivre un instant magique après lequel le monde ne sera plus jamais pareil.

Ce qui ressort de l'essai de Masson et de l'anthologie, c'est le plaisir de lire, de découvrir, de s'ouvrir à la parole de l'autre même si elle est plus souvent qu'autrement maladroite.

Tant le numéro spécial de *La Revue de l'Université de Moncton* que celui de *Liberté* permettent de saisir quel est l'état de la littérature acadienne en ce début des années 1970. Parce qu'elle donne la parole aux élèves et aux étudiants et met en relief les deux principaux poètes acadiens, *La Revue* stimule l'écriture: le temps est venu d'écrire.

Parce qu'elle est plus sélective dans les textes de création que *La Revue*, parce que les essais contextualisent cette production naissante, *Liberté* place la barre au niveau de la littérature québécoise. Jean-Guy Pilon en termine l'introduction par une question à laquelle les textes choisis sont un début de réponse: «Assisterions-nous à la naissance d'une autre littérature de langue française en Amérique du Nord? Aux Acadiens à répondre au cours des prochaines années[41].»

2. Le phénomène *La Sagouine*

La réponse à la question de Pilon allait venir deux ans plus tard d'une façon inattendue, avec la publication de *La Sagouine*, « pièce pour une femme seule » comme le précise l'auteure.

Les monologues avaient été lus à la radio de Radio-Canada Atlantique à l'automne 1970 par son auteure, Antonine Maillet. Au début de 1971, le Centre d'essai des auteurs dramatiques (CEAD), qui avait eu vent des monologues, lui demande si elle n'aurait pas des textes à faire mettre en lecture. Sans être trop sûre si ce qu'elle a écrit est véritablement du théâtre, elle fait parvenir ses textes au CEAD. Monique Joly en fait une lecture remarquée : deux jours plus tard, Antonine signe un contrat avec les Éditions Leméac, qui décident de publier le texte dans leur collection « Théâtre[1] ».

Le lancement

Le lancement a lieu à Moncton, le 23 juillet 1971. Histoire de mettre un peu de piquant à l'événement, Antonine Maillet et Viola Léger, enseignante et comédienne, décident de présenter quelques extraits des monologues et demandent à Eugène Gallant, qui vient de terminer ses études à l'École nationale de théâtre (Montréal), d'en faire la mise en scène. Maillet et Léger avaient toutes deux enseigné au Collège Notre-Dame d'Acadie : Maillet écrivant des pièces que Léger montait avec les élèves[2]. Passionnée de théâtre, Léger, qui avait obtenu une maîtrise en Theatre Education à la Boston University, vient de passer un an en jeu chez Jacques Lecoq, à Paris, où Maillet lui a envoyé les premiers monologues. Léger enseigne alors le théâtre, depuis septembre, à l'école secondaire Vanier de Moncton. Les invités apprécient la prestation de Léger ; Les Feux Chalins, une compagnie de théâtre amateur de Moncton, décide de porter à la scène certains des monologues.

Le 25 novembre 1971, *La Sagouine* est présentée dans le théâtre de poche de la compagnie pour la série habituelle de quatre représentations. Pour l'occasion, une amie de l'auteure, Rita Scalabrini, crée un costume pour le personnage, costume qui demeure encore aujourd'hui celui de la Sagouine. Le succès est tel que Les Feux Chalins donnent finalement quatorze représentations dans leur salle et, entre février et juillet 1972, une quarantaine de représentations au Nouveau-Brunswick, une au festival Théâtre-Canada et une autre au Colloque de Diffusion culturelle de Sherbrooke qui réunit des délégués de différentes provinces du Canada, en juin, qui vaut à la compagnie une tournée canadienne[3]. Le 13 septembre, *La Sagouine* réussit l'exploit de remplir les mille deux cents sièges du Moncton High School[4].

Le succès

Le CEAD inscrit alors la pièce dans la série des lundis qu'il inaugure ainsi au Théâtre du Rideau Vert, à partir du 9 octobre 1972. La critique montréalaise est unanime, et *L'Évangéline* s'empresse d'en reproduire fièrement des extraits, dont celui de Martial Dassylva dans *La Presse*: « Rarement aura-t-on vu au théâtre un personnage s'imposer avec autant de force que cette Acadienne de soixante-douze ans, fille et femme de pêcheur, fille à matelots et femme de ménage. La présence de Viola Léger est tout simplement renversante. La composition qu'elle propose est remarquable à tous égards[5]. » Et l'auteur anonyme de l'article de *L'Évangéline*, après avoir cité les critiques du *Journal de Montréal*, du *Montreal Star* et de la *Montreal Gazette*, de conclure: « Honneur à l'Acadie. Merci Antonine Maillet. Merci Viola Léger. »

Le succès est tel que le Théâtre du Rideau Vert décide d'intégrer *La Sagouine* à sa saison en cours. La pièce est présentée du 8 mars au 14 avril 1973[6]. Pour clore cette année 1972, « *La Sagouine* triomphe à Paris[7] » dans la salle du Centre culturel canadien, où elle est présentée à trois reprises. *L'Évangéline* précise que l'auditoire de la première était composé à 40 % de Parisiens – pour bien souligner que ce ne sont pas que les Acadiens ou les Québécois qui ont ovationné la performance. Présent pour l'occasion et responsable de la venue de *La Sagouine* à Paris, le premier ministre Richard Hatfield s'approprie même une partie de ce succès, soulignant que le critique du *Monde* est allé voir la pièce grâce à lui[8]. Maillet, présente elle aussi, « s'amuse d'entendre son héroïne dire à son premier ministre ce qu'elle[-même] n'aurait jamais pu exprimer aussi clairement[9] ».

La critique de Michel Bélair dans *Le Devoir* est éloquente: « Lors de la présentation de *La Sagouine*, en octobre dernier, on avait crié au chef-d'œuvre. Tout le monde parlait de révélation. […] Depuis jeudi soir, il faut trouver de nouveaux adjectifs qui réussiront à crédibiliser encore davantage le jugement global d'octobre dernier. Car, c'est un fait, *La Sagouine* est un petit chef-d'œuvre. Si je dis "petit", ce n'est pas pour diminuer l'impact d'un texte extraordinaire, mais bien plutôt pour caractériser son côté "intimiste". [...] L'ennui avec une telle production, c'est d'être forcé de la décrire avec des expressions qui tournent rapidement au cliché; or, *La Sagouine*, c'est précisément le contraire de tout cela[10]. »

Un tel succès entraîne non seulement une couverture médiatique imposante, mais également une couverture « savante ». De nombreux universitaires tenteront d'expliquer la signification de l'œuvre, espérant ainsi comprendre les causes de ce succès. Même si Maillet affirme qu'elle écrirait en joual si elle était née à Montréal[11], la langue de la Sagouine est un écho littéraire de celle du peuple acadien de la région du Sud-Est. Cet écart entre la réalité de l'Acadie et ce que la Sagouine dit de son monde crée un effet paradoxal. Certains liront les monologues en les prenant au premier degré, d'autres les analyseront en les plaçant au second degré.

Ainsi Denis Saint-Jacques écrit-il dans *Voix et images du pays* (printemps 1974): « Paysanne vivant aux marges de la société de consommation, la Sagouine a encore moins de conscience de classe que de conscience nationale. Elle n'est pas de ceux qu'il est besoin de disperser, elle est de ceux qu'on domine et qui servent. Sa vie a une fin révélée à laquelle elle ne comprend goutte, mais enfin se cramponne tout de même. Ce qui lui manque, c'est le pouvoir d'imaginer autre chose sur terre[12]. »

Mais peut-être est-ce au spectateur d'imaginer cette autre chose, comme le pense Ben Z. Shek: « Il faut noter aussi l'emploi d'une technique similaire à celle qu'affectionne Yvon Deschamps dans ses monologues. Même quand la Sagouine prononce ses monologues les plus outrageusement absurdes et naïfs, tel celui sur les prétendus bénéfices de la guerre ou de la crise économique, il y a un double niveau idéologique qui sous-tend le texte : entre ce qu'en dit le personnage et ce qu'en tire le lecteur ou l'auditeur il y a une contradiction extrême, qui est capitale pour saisir la critique profonde d'un système social donné[13]. » Le rire naît de cet écart. Au Québec et ailleurs dans le monde, les grossissements jusqu'à l'absurde de certaines situations les ramènent à un niveau général accessible à tous. Par contre, en Acadie, la lecture se veut plus réaliste puisque l'œuvre s'inscrit dans un territoire connu et identifié comme tel, qu'elle cherche à transcrire. En cela, *La Sagouine* est au départ une œuvre régionaliste et, comme l'affirme Pierre-André Arcand, « elle se fonde sur la haute valeur morale attribuée au patrimoine populaire qu'elle propose à la fois comme modèle et comme projet d'action pour une collectivité donnée. Mais n'y a-t-il pas danger d'enfermer la rêverie acadienne dans la nostalgie du passé[14] ? » Melvin Gallant ne le pense pas : « Même si la Sagouine comme personnage demeure à l'intérieur des contradictions, même si elle ne pousse pas au bout sa logique, elle ose prendre la parole et nommer une réalité opprimante. Avec *La Sagouine*, le théâtre acadien entre dans ce que Marcel Rioux a appelé l'idéologie du rattrapage et de la contestation. Par le regard de la Sagouine, les rites, les traditions, le folklore se retournent contre eux-mêmes et montrent leur envers, fait d'intérêt, d'exploitation et de domination[15]. »

C'est un peu ce qu'exprime Raymond LeBlanc (qui bientôt ajoutera son deuxième prénom, Guy, à son nom) dans son analyse enthousiaste, marxisante et naïve du phénomène de la Sagouine : « Sur l'Île-aux-Puces, se bâtit, tranquillement, "un tiers-monde vigoureux et hardi[16]". Le long de la côte, dans les villages, dans les campagnes (pas seulement dans les villes), se trouvent des révolutionnaires… C'est dans cette transgression de l'observation programmée que réside la force explosive de *La Sagouine*, dépassant ainsi le projet de la conteuse Antonine Maillet[17]. » Sur un ton nettement moins enthousiaste, mais toujours à partir d'une grille marxiste, Gilbert David croit que *La Sagouine* ne peut conduire qu'à un cul-de-sac : « Si Antonine Maillet témoigne à juste titre d'une disparition imminente du peuple acadien, si ses portraits signifient et nous avertissent d'une identique menace, on sort de ces séances moins armé qu'étonné par la sagesse populaire, la richesse et l'impact d'une parlure qui n'auront eu aucune conséquence sur la libération du peuple en cause. Antonine Maillet fait trop confiance au spectateur habituel de nos théâtres en lui proposant des généralités constitutives d'une aliénation sans entreprendre un véritable travail dialectique. […] Il faudrait faire un sort à cette morale du plus faible et tenter plutôt d'assurer les instruments d'une lutte. […] La Sagouine vient évidemment du peuple mais une fois transposée sur scène, elle le transcende, elle ne le rejoint pas : ceux qu'elle rejoint ont des "lettres". Ils aiment surtout la musique surannée des vieux lexiques français, les personnages pittoresques et le statu quo nationaliste bourgeois[18]. »

Les représentations de mars 1973 au Théâtre du Rideau-vert initieront de multiples tournées qui s'articuleront à partir des trois moutures que prendra *La Sagouine* : la première va du début de l'aventure à novembre 1974, la deuxième cédera sa place à la troisième en août 1977. La *I* et la *II* regroupent essentiellement des monologues différents, alors que la *III* reprend les meilleurs monologues des spectacles précédents et en ajoute un.

Mais à Bouctouche comme dans toute l'Acadie, le « peuple » se reconnaît dans la Sagouine. Le conseil du village de Bouctouche ne s'y trompe pas quand il décide, en mai 1973, d'ériger « deux grandes enseignes publicitaires aux extrémités sud et nord du village, le long de la route n° 11 », sur lesquelles on inscrira « Pays de la Sagouine[19] ». Beaucoup plus tard, en 1992, l'Île-aux-Puces, un petit îlot sis dans la baie de Bouctouche, deviendra la principale attraction touristique de la région. Et la Sagouine sera l'héroïne de la célébration, bien entourée des autres personnages d'Antonine Maillet.

La Sagouine déborde ainsi du monde des arts pour se transformer, bien malgré elle, en porte-étendard de la culture puis, tout aussi rapidement, en véritable mythe...

La pièce

La Sagouine – qui ne se souvient pas de son nom de baptême – n'est qu'une pauvre vieille de 72 ans, ancienne fille à matelots, femme de ménage, mère de douze enfants dont neuf sont morts en bas âge, et pourtant en aucun temps aigrie par la vie ; bien au contraire, elle est habitée par une inaltérable volonté de vivre. Elle se contente de témoigner de son monde, prenant appui sur Gapi – son mari – quand elle tient des propos plus osés. Elle parle de l'oppression qu'elle subit dans la langue frappée d'ostracisme qui est la sienne et, en quelque sorte, sa parole devient exorcisme : ce sont aussi tous les opprimés du monde qui ont ainsi accès à la parole : les gens d'En-bas sont exploités par les gens d'En-haut dans tous les villages, toutes les provinces et tous les pays du monde. Et, sans jamais avoir l'air militante, cette pièce est éminemment politique.

En seize monologues qui sur scène durent en moyenne

une vingtaine de minutes chacun, la Sagouine livre ses réflexions sur la vie. La forme est simple, classique et la théâtralité, minimale : le personnage s'adresse directement au public. Pour la première de novembre 1971, Eugène Gallant et Viola Léger ont choisi de monter *Le métier*, qui ouvre le recueil, *Nouël*, *Le recensement*, *Les bancs d'église*, *Les maximes* – ce dernier un montage à partir de *Les prêtres*, *La guerre*, *Le bon Djeu est bon* et *Le printemps* –, et de terminer avec *La mort*, qui clôt le recueil. Les monologues sont tous construits de la même façon : une phrase clé qui sert d'amorce et crée l'ambiance tout en introduisant souvent un trait d'humour ; un développement qui dérive autour du thème en joignant anecdotes et réflexions personnelles ; une conclusion légèrement morale et pimentée par un trait d'esprit, tendre ou piquant, qui marque la fin du monologue. D'un texte à l'autre, on retrouve certains personnages : Gapi, La Sainte, Don l'Orignal, La Bessoune, La Cruche, Noume, Sarah Bidoche, la sage-femme, les Arvunes (Irving), Séraphine, Zélica, et bien d'autres…

Au centre de sa parole cette simple phrase, «c'est malaisé d'être pauvre» (*Le métier*), et le constat qu'elle fait à l'occasion du *Recensement*, alors qu'elle cherche à préciser sa «natiounalité», elle qui sait qu'elle n'est ni américaine, ni canadienne (les Anglais), ni française (de France), ni canadienne-française (les Québécois) : «J'avons entrepris de répondre à leu question de natiounalité comme ça : des Acadjens, que je leur avons dit. Ça, je sons sûrs d'une chouse, c'est que je sons les seuls à porter ce nom-là. Ben ils avont point voulu écrire ce mot-là dans leu liste, les encenseux. Parce qu'ils avont eu pour leu dire que l'Acadie, c'est point un pays, ça, pis un Acadjen c'est point une natiounalité, par rapport que c'est point écrit dans les livres de Jos Graphie. Eh! ben, après ça, je savions pus quoi trouver, et je leur avons dit de nous bailler la natiounalité qu'i' voudriont. Ça fait que je crois qu'ils nous avont placés parmi les Sauvages. Ah! c'est malaisé de faire ta vie quand c'est que t'as pas même un pays à toi, pis que tu peux point noumer ta natiounalité. Parce que tu finis par pus saouère quoi c'est que t'es entoute. Tu te sens coume si t'étais de trop, ou ben qu'y avait pus parsoune qu'i' voulit de toi.» Les monologues deviennent ainsi la saga de ce peuple oublié, nié, confiné sur une pauvre terre en bordure de mer.

La langue

Et il y a la langue: «En fait c'est de l'acadien. Et l'acadien, c'est une intonation et un accent local greffés sur un langage ancien qui était le langage du XVIIe et du XVIIIe siècles. Dans *La Sagouine*, je n'ai pas inventé un seul mot», affirme Maillet à Martial Dassylva, tout en précisant qu'au Nouveau-Brunswick «les personnes jeunes ou d'âge moyen et surtout les citadins n'en usent guère[20]».

Dans la revue *Nord* de l'automne 1972, Maillet précise: «C'était la première fois que j'étais libérée sur le plan langage, par exemple, que j'étais libérée aussi sur le plan des structures parce que je n'en avais pas. C'était la première fois que je ne m'inspirais plus de la littérature mais de la vie, de façon concrète, absolue presque. J'écrivais une pièce de théâtre sans respecter les lois du théâtre! À ce moment, je ne savais même pas que c'était une pièce, c'était ni pièce, ni roman, ni aucun genre littéraire: par conséquent il n'y avait pas de lois. Et puisqu'il n'y avait pas de lois, il n'y avait pas de structures, pas de handicap, pas de barrières. Alors je parlais pour parler[21].»

Cette langue, riche et colorée, qui est une des raisons

du succès de *La Sagouine*, sera au centre d'un débat en Acadie lancé par B. A. Haché le 5 mars 1973 dans le courrier des lecteurs de *L'Évangéline* : « Antonine Maillet présente *La Sagouine* partout et dit qu'elle est acadienne. Elle est chiac, [ce] qui veut dire du comté de Kent ou Westmorland. Les Acadiens de Gloucester et Restigouche n'ont jamais entendu la plupart des expressions de la Sagouine. Nous avons nos expressions drôles, nous aussi, celles de la Sagouine ne sont pas à nous[22]. » La première réplique vient de Thomas Légère, « un véritable Acadien », comme il l'affirme lui-même, qui s'exclame que « La Sagouine est bel et bien acadienne ! » dans *L'Évangéline* du 14 mars. Citant un extrait de la préface d'Antonine Maillet qui précise d'où vient la langue de la Sagouine, il se lance ensuite dans une charge enflammée : « Et pour ce qui est des francophones des comtés de Kent et de Westmorland, je crois que ce sont eux les véritables Acadiens, comme par ailleurs ceux de l'Île-du-Prince-Édouard et de la Nouvelle-Écosse et même ceux de la Louisiane. Qu'est-ce qui vous identifie, vous francophones du Nord de la province du Nouveau-Brunswick, des Québécois ? Ce n'est sûrement pas votre langue parlée. Pas étonnant que vous ne connaissiez pas les expressions populaires de la Sagouine… mais vous connaissez assurément celles des Québécois par lesquels vous subissez tant d'influences… La Sagouine n'a aucune difficulté à se faire comprendre dans notre région, encore moins dans les deux autres provinces maritimes où l'on trouve d'importants groupements acadiens. La preuve en est bien là que vous n'êtes pas de véritables Acadiens[23]. » Le 23 mars, William Thériault de Saint-Léolin, donc du comté de Gloucester, tente de rapprocher les parties : « J'ai eu l'occasion de lire le livre d'Antonine Maillet et il y a en effet plusieurs expressions dans ce livre qui ne me sont pas familières. Néanmoins, je ne vois pas comment cette divergence de langage peut jouer quant à savoir si je suis acadien ou pas. Chaque région a un parler régional qui lui est propre sans que pour cela sa nationalité soit mise en doute. La Sagouine représente la réalité acadienne et cette réalité se répercute aussi bien dans le Nord du Nouveau-Brunswick que dans le reste du territoire acadien[24]. »

Pour la première fois, un événement artistique reflète la rivalité et la tension qui existent entre la Péninsule acadienne et le Sud-Est, séparés par le bastion anglophone de Miramichi mais aussi par leur situation linguistique : si la Péninsule est à 85 % francophone, le Sud-Est l'est à 40 % (recensement de 1986). Quant aux Brayons, ils se tiendront loin de ce « conflit ». Mais il faut également préciser que la pénétration de *L'Évangéline* dans le Madawaska (95 % francophone) est plus que mince. Cette polémique entre la Péninsule et le Sud-Est durera un certain temps et reviendra à intervalles sur d'autres sujets artistiques, sans ne jamais cesser sur des sujets sociaux, économiques et politiques : la différence d'opinion se fonde sur deux visions de l'Acadie, la Péninsule se percevant souvent comme une oubliée du centre qu'est ce Sud-Est dominé par Moncton…

La prise de parole

Pourquoi *La Sagouine* a-t-elle eu et a-t-elle toujours un tel impact ? À la grande puissance évocatrice du personnage lui-même s'ajoute la structure de chacun des monologues. Dans son analyse de l'œuvre, Jean-Cléo Godin souligne le fait que l'auteure « délaisse les structures traditionnelles du théâtre pour épouser celles du langage spontané, sinueux, en respectant l'apparent désordre de la mémoire et de l'observation directe[25] ». La Sagouine ne soliloque pas, elle se confie à chaque spectateur et, en se confiant, elle découvre avec lui ce qu'elle prononce comme s'il s'agissait d'une conversation. Herménégilde Chiasson a déjà souligné la difficulté d'établir un discours collectif en Acadie. Pour lui, l'écriture était difficile à l'époque de ce spectacle puisque l'Acadie est un pays disséminé, pulvérisé dans l'individualisme. Chiasson affirmait alors que « nous ne nous sommes jamais vraiment parlé, en tout cas pas pour longtemps[26] ». Là est sans doute, pour l'Acadie mais aussi pour tous les exploités réduits au silence, un des grands apports de la Sagouine : elle jase.

La « jasette » est, bien évidemment, une caractéristique de l'oralité. Or, comme le répétera régulièrement Antonine Maillet, avant 1970, « il n'y a pas de culture littéraire en Acadie. Seulement une culture orale sur laquelle la réflexion peut s'appuyer. C'est une manière d'être, c'est l'expression d'un peuple, cette culture orale et vécue. C'est de celle-là que je m'inspire. En plus, je suis professeur de littérature, je me suis donc frottée à la littérature francophone et universelle. Il y a donc ce dilemme dans lequel je vis et dans tout ça il y a aussi un paradoxe. Parce que d'une part je vais lire Péguy et Valéry et que d'autre part j'entends les contes de mon grand-père[27]. » Maillet a également longuement étudié la langue et les traditions de son peuple, formalisant sa recherche dans sa thèse de doctorat – *Rabelais et les traditions populaires en Acadie*, soutenue en 1969 à l'Université Laval –, mais surtout se donnant un précieux bagage de découvertes, qu'elle utilise dans son œuvre : « Mais jusqu'à ce que je fasse cette thèse, je n'avais pu constater par moi-même qu'en fait il n'y a pas de contradiction. Parce que dans le personnage de Rabelais, il y a justement cette rencontre d'une culture à la fois écrite et orale. Alors c'est possible, c'est même souhaitable qu'un écrivain baigne dans cette double culture. Dans le moment, moi, je vis concrètement ce paradoxe[28]. »

Selon Maillet, les Acadiens ne possèdent rien si ce n'est la parole : « Tout le monde cause et puis causer ce n'est pas la même chose que parler. Tout le monde jongle. La jonglerie... On a des conteurs : proportionnellement, on a plus de conteurs que n'importe quel peuple au monde, parce qu'on raconte, justement parce qu'on n'a pas eu les moyens de s'exprimer autrement. On ne pouvait pas, nous, foncer. On n'avait pas un gouvernement pour nous supporter. On n'avait rien, nous. On n'avait pas d'institutions. On n'avait même pas une terre[29]. »

Mais la situation peut changer. Si la Sagouine n'est pas une révoltée et si Gapi en est un qui n'agit pas, « est-ce qu'elle ne va pas faire se révolter les autres ? C'est là la question. Est-ce que d'autres se révolteront au nom de la Sagouine ? Parce qu'au fond il y a une énorme capacité d'acceptation chez la Sagouine, comme chez tous les Acadiens de cet ordre ; on a une endurance incroyable, on a une patience, on a un sens du temps qui est énorme ; mais il vient un temps où on ne sera plus capable d'en prendre plus. Peut-être que la Sagouine est encore de la génération de nos pères, qui eux pouvaient endurer. Elle va peut-être susciter chez les jeunes une action ou une réaction qui serait la manifestation d'un nouveau groupe qui n'endure plus[30]. »

Et déjà, en cette même année 1972, plusieurs groupes et individus sont en pleine effervescence tant au niveau politique, autour du Parti acadien, qu'en art autour d'une floraison d'artistes dont plusieurs ont passé par l'Université de Moncton.

3. Antonine Maillet

Antonine Maillet est née le 10 mai 1929 à Bouctouche. Son père, Léonide (né en 1884), est instituteur puis gérant du magasin général Irving, et sa mère, Virginie Cormier (née en 1892), est maîtresse d'école. Antonine est l'avant-dernière d'une fratrie de neuf enfants (trois garçons, six filles).

La jeunesse

Sa petite enfance se déroule harmonieusement au sein d'une famille pour qui la culture et les arts sont importants : « Mes parents étaient des gens qui lisaient, ce qui n'était pas courant à l'époque en Acadie, et on avait donc des livres à la maison. Mon père était le seul homme de la région à être abonné à un journal en français qui venait non pas du Québec mais d'Ontario. *Le Droit* d'Ottawa rentrait chez nous dans les années 1930 et 1940, ce qui était assez exceptionnel, et de plus, chez nous on aimait beaucoup la musique. Toute la famille faisait de la musique, y compris le classique, mes sœurs aînées étudiaient le piano. Alors que sur le plan musical, on était très ouvert, sur le plan peinture, on savait vaguement que ça existait mais il n'y avait pas de musée dans la région. On se contentait donc de regarder des reproductions, car ce n'était pas un monde qui nous était accessible, mais au moins on savait que ça existait, et on aurait voulu en savoir plus[1]. »

De 1935 à 1944, elle fréquente l'école primaire de Bouctouche : « L'école que je fréquentais était française, mais le principal étant anglais, c'était en anglais qu'elle m'infligeait les punitions. L'enseignement était français, mais les manuels anglais et c'est en anglais également que je passais les examens. Le manuel de français, édité par Fraser and Square, se lisait comme suit : "Now we are studying the verbs : J'ai, tu as, il a…"[2]. » Elle compose des poèmes, organise des séances de théâtre plus improvisé qu'écrit, crée une petite revue genre « *comic* » (pour reprendre son expression), dans laquelle elle raconte « des histoires d'espions qui arrivaient en sous-marin à Bouctouche » qu'une amie illustre et que le duo vend « deux ou trois cents[3] ». L'idée de devenir écrivaine s'impose à elle sans qu'elle sache trop pourquoi. Mais elle se souvient de l'occasion où elle l'a affirmée pour la première fois. Alors que l'institutrice donne le sujet de la composition littéraire, la petite Antonine de douze ans lui demande dans quelle langue il faut l'écrire. Or, les compositions sont rédigées en anglais dans cette école que fréquentent francophones et anglophones. À l'institutrice qui parle de la nécessité de bien posséder l'anglais pour gagner sa vie, Antonine répond : « Moi je veux devenir écrivain. C'est pour ça qu'il faut que j'apprenne à écrire… en français. » L'institutrice décide alors de laisser le libre choix de la langue aux élèves : « J'ai écrit ma composition en français. Et toute la classe aussi. Pour la première fois dans une petite école acadienne. J'ai dû l'écrire dans la plus fidèle tradition de la langue orale, mais sûrement avec les fibres de mon âme entortillées entre les doigts. Car si j'ai oublié le contenu de la rédaction, j'ai toujours en mémoire la note en rouge du correcteur: "Mademoiselle, si vous continuez à lire et à écrire, le succès vous attend"[4]. »

Maillet reviendra souvent sur son enfance dans les entrevues qu'elle accordera, montrant du doigt la réalité de son milieu et la difficulté qu'il y avait de se construire une identité: « L'Acadie de mon enfance n'avait ni terre, ni nationalité, ni statut juridique, ni droits civiques, ni rien. Ce pays n'était même pas un endroit mais un envers. Il n'existait pas dans l'espace, seulement dans le temps. Donnez ça en héritage à une petite fille au nez retroussé et aux yeux à pic, et dites-lui de s'en faire une identité[5] ! »

Deux événements marqueront son enfance: dès le début des années 1940, son père est atteint de la maladie de Parkinson; sa mère meurt ensuite du cancer en 1943. On la place alors comme pensionnaire à l'Académie Notre-Dame-du-Sacré-Cœur, à Saint-Joseph-de-Memramcook, un couvent fondé en 1943 par Mère Jeanne de Valois. Les religieuses sont dynamiques et Maillet y développe ses habiletés d'écriture, découvrant les grands auteurs français, explorant le jeu puis l'écriture théâtrale[6], dirigeant même le journal de l'Académie, *Bleuette*[7]. Elle y affirme aussi ses qualités de leader[8].

En 1949, la congrégation Notre-Dame-du-Sacré-Cœur ferme l'Académie de Memramcook et ouvre le Collège Notre-Dame d'Acadie, installé dans un nouveau bâtiment qui fait face à l'hôpital de l'Hôtel-Dieu, rue Archibald, à Moncton. Il s'agit de la première institution à offrir le baccalauréat aux jeunes filles en Acadie. Tout en étudiant, Maillet publie ses premiers contes dans *L'Évangéline*, payés dix cents le pouce[9]. En 1952, elle est la première, avec trois autres étudiantes, à obtenir un baccalauréat du Collège[10].

Alors qu'elle atteint la vingtaine, se pose avec acuité son choix de vie : que faire une fois qu'elle aura obtenu son diplôme ? Les options sont limitées pour une jeune fille. La vie religieuse permet de développer ses qualités, d'avoir accès à des études supérieures, d'enseigner la littérature dans un collège plutôt que dans une école de village, et apporte le soutien de la communauté. Maillet apprécie le dynamisme des sœurs de Notre-Dame-du-Sacré-Cœur, leur enseignement, leur façon de vivre et la liberté laissée aux religieuses ; de plus, la spiritualité qui accompagne ce choix lui convient. Trois de ses sœurs sont déjà religieuses. Peu de temps avant d'obtenir son diplôme, elle s'engage dans cette voie et prend le nom de Sœur Marie-Grégoire[11].

L'enseignement et les premières œuvres

Son premier travail est d'enseigner à l'école de Richibouctou-Village. Elle s'implique dans la vie communautaire et y retrouve la chaleur qui animait son village natal. Dans ses loisirs, elle écrit son premier roman, *Pointe-aux-Coques*, qui s'inspire de son vécu. Elle l'envoie aux Éditions Fides et attendra, patiemment, la réponse qui n'arrivera qu'en 1957[12]. En 1954, elle devient professeure au Collège Notre-Dame d'Acadie. Cette année est assombrie par le décès de son père.

Au collège, elle enseigne la littérature aux étudiantes des dernières années du baccalauréat. Elle a l'occasion d'explorer la littérature du Moyen Âge au XXe siècle, approfondissant sa fréquentation des classiques qui marqueront son écriture : Villon, Rutebeuf, Baudelaire pour les poètes ; Stendhal, Balzac, Flaubert pour les romanciers. Et surtout, elle découvre François Rabelais : « Rabelais est venu confirmer ma conception de la création littéraire. J'ai l'impression qu'en le découvrant je l'avais toujours compris. Rabelais, pour moi, est tellement un frère (je dis cela sans prétention, un très grand frère, bien sûr), il y a une telle parenté entre l'esprit acadien et celui de Rabelais qu'en le lisant, je me suis reconnue et j'ai reconnu tout le peuple acadien. Voilà pourquoi cela a confirmé que ce que je faisais était, dans une certaine ligne, authentique[13]. »

À l'hiver 1957, elle crée sa première pièce, *Entr'acte*, écrite pour les étudiantes de son collège et les étudiants du Collège Saint-Joseph. La pièce est présentée au Festival d'art dramatique provincial, qui a lieu au Collège de Bathurst. En novembre 1957, elle crée *Poire-Âcre*, qui remporte le prix de la meilleure représentation visuelle au Festival d'art dramatique régional à la fin de janvier 1958[14], et partant, le prix de la meilleure pièce canadienne présentée aux festivals dramatiques régionaux[15]. Durant cette période, Maillet se lie avec Viola Léger, qui enseigne dans les classes inférieures et qui est également impliquée dans les productions théâtrales[16].

À l'automne 1957, Fides lui annonce enfin que *Pointe-aux-Coques* sera publié dans sa collection « Rêve et vie », qui s'adresse aux adolescents et dans laquelle on retrouve, parmi d'autres, les œuvres de Félix Leclerc et de Michelle Le Normand. Le roman sort en janvier 1958. Cette bonne nouvelle s'accompagne d'une profonde déception quand Maillet découvre l'illustration qui orne la page couverture : « Peu après on m'a envoyé le livre et j'ai hurlé ! Ils ont osé, vous m'entendez, ils ont osé y mettre un beau yacht avec un petit mot en anglais-américain [le nom du voilier est *Traveler*]. *Pointe-aux-Coques*, le merveilleux village acadien, était présenté ainsi comme un vulgaire lieu de villégiature à la mode sur une quelconque côte américaine. De quoi donner envie de me suicider pour ne plus être obligée de regarder mes compatriotes[17] ! » Elle écrit à l'éditeur une lettre incendiaire qui demeurera sans suite…

Au printemps 1959, Antonine s'aventure avec *Bulles de savon* dans le théâtre pour enfants, expérience qu'elle poursuit à l'automne avec *Les jeux d'enfants sont faits*, qui remporte en 1960 le prix annuel pour la meilleure pièce canadienne du Conseil des arts du Canada. En 1960, elle envoie son deuxième roman, *On a mangé la dune*, à Fides, qui le refuse. Elle choisit alors de le soumettre aux Éditions Beauchemin. Entretemps, *Pointe-aux-Coques* remporte, en juin 1960, le prix Champlain du Conseil de la vie française en Amérique.

Si ses premières pièces ont du succès dans le cercle du théâtre amateur, elles demeurent inédites et, par le fait même, ont un rayonnement très limité. Par contre, *Pointe-aux-Coques* inscrit Antonine Maillet dans la littérature canadienne-française, ce que souligne Émery LeBlanc dans deux éditoriaux de *L'Évangéline*, le premier pour en souligner la parution (le 8 mai 1958) et le second, deux ans plus tard (le 14 juin 1960), quand « Sœur Marie-Grégoire » – l'éditorialiste ne l'appellera pas autrement alors que dans son premier texte il n'utilisait que son nom – remporte le prix Champlain. Après avoir rappelé l'historique de ce prix remis pour une quatrième fois par le Conseil de la vie française « à un auteur canadien-français qui vit hors du Québec, ou à un Franco-américain ou encore à un auteur québécois à condition que l'œuvre primée porte sur les Canadiens français hors du Québec », l'éditorialiste ajoute : « Qu'un auteur acadien s'occupe de publier un roman, c'est du nouveau. Jusqu'ici, nous pourrions compter ceux que nous avons sur les doigts de la main. En effet, le sujet qui semble avoir le plus intéressé les écrivains acadiens est l'histoire, ou plutôt la petite histoire. [...] Mais depuis quelques années de nouveaux genres apparaissent. Même des poètes montrent la tête. Mais qu'un roman, un premier roman, soit choisi comme titulaire d'un prix national comme le prix Champlain, voilà qui peut encourager ceux qui s'intéressent à la "littérature acadienne". [...] L'honneur qu'elle reçoit aujourd'hui rejaillit sur sa communauté et sur toute l'Acadie. En lui offrant nos félicitations, nous la remercions aussi de nous avoir mieux fait connaître et apprécier à l'extérieur[18]. »

Une écriture qui change

D'*Entr'acte* à *Poire-Âcre*, Antonine Maillet chemine de la découverte de l'écriture théâtrale à l'identification de ses préoccupations fondamentales, préoccupations déjà présentes dans *Pointe-aux-Coques* (écrit avant ces deux pièces) et qui s'affirment dans *On a mangé la dune*. Les trois premières œuvres ont en commun de s'adresser aux adolescents tandis que la quatrième, tout en reposant sur le personnage de Radi, une enfant, s'adresse davantage aux adultes.

Entr'acte raconte l'histoire de six enfants (de 12 à 23 ans) dont le père est paralysé, qui cherchent à sauver la maison familiale. Gentille, un peu fleur bleue, écrite en français standard, cette pièce permet surtout à Maillet d'explorer le dialogue, vivant et amusant. Avec *Poire-Âcre* les thèmes chers à Maillet apparaissent et résonnent avec ceux qu'elle avait explorés dans *Pointe-aux-Coques*. Dans cette pièce dont l'action se situe en 1900, la langue est encore standard alors que dans le roman, les dialogues faisaient appel à la langue orale.

Poire-Âcre met en scène l'adolescente qui porte ce

surnom, « une sorte de canard sauvage ». Elle s'oppose à son père, Camilien Maurice, marchand et maire du village de Pointe-à-Pierrot, qui tente de se faire réélire en promettant de « faire détourner la source qui coule de la colline jusqu'à la Pirogue pour la diriger vers les puits du village », tout en promettant ses cinq filles à ceux qui lui apporteront le plus de votes. Son opposant, André Jean, cherche à mettre sur pied une « union » (syndicat) des cultivateurs qui relâcherait la mainmise de Maurice sur le village. Mais l'idéalisme de Poire-Âcre se heurtera à la faiblesse des hommes : s'apercevant qu'il risque de perdre son élection et découvrant que Poire-Âcre et André Jean s'aiment, Maurice décide d'offrir Poire-Âcre à Jean, à la condition que celui-ci lui abandonne la mairie. Dans la scène finale, Jean accepte mais Poire-Âcre refuse ce marché de dupes, gagnant ainsi sa liberté.

Dans *Pointe-aux-Coques*, la jeune institutrice, Mlle Cormier – nom qui est celui de la mère de Maillet – venue des « États » mais dont le père est originaire du village, tombera amoureuse de Jean, qui veut créer une coopérative de pêcheurs et, ce coup-ci, les noces auront lieu. Avec cet ouvrage, qui n'a rien perdu aujourd'hui de sa fraîcheur, apparaît ce qui sera le cœur de l'œuvre d'Antonine. Construit sans véritable intrigue autre que le déroulement d'une année scolaire, ce roman est l'occasion de découvrir les habitants du village et de les accompagner dans leur quotidien. Pour le critique Émile Chartier, il s'agit d'une découverte : « Beaucoup de Canadiens ont parlé de l'Acadie [...]. Mais aucun, croyons-nous, n'a perçu l'âme de l'Acadie avec plus de perspicacité, personne n'en a peint le double visage avec plus de sympathique émotion, qu'Antonine Maillet, cette inconnue. Toutefois, ce prétendu roman est de toute évidence une autobiographie: on ne traite pas avec une pareille intensité d'aventures impersonnelles[19]. » Soulignant la qualité de l'écriture, il termine en souhaitant qu'à l'occasion de la distribution des prix, « les commissions scolaires le diffusent par milliers d'exemplaires parmi nos familles surtout rurales. Un vœu plus ardent ne pouvait glisser sous la plume du petit-fils d'une authentique Acadienne[20]. » Le dévoilement des origines acadiennes de Chartier ne sert en rien le texte, mais il exprime la charge émotive qui naît de la lecture de cette œuvre et de toutes les œuvres suivantes d'Antonine, et qui verra les Acadiens comme les autres afficher fièrement leur arbre généalogique.

Retour aux études

En 1961-1962, Maillet étudie à l'Université de Montréal. De retour à Moncton l'année suivante, elle rédige au Collège Saint-Joseph sa thèse de maîtrise ès arts sur *La femme dans l'œuvre de Gabrielle Roy*. Elle devient ainsi la première personne à recevoir ce diplôme de l'Université de Moncton[21]. Pour la seconde fois, elle s'inscrit parmi les premières femmes qui, en Acadie, ont accès aux études supérieures. Elle saura s'en souvenir: « J'ai eu la chance unique d'arriver au collège l'année où le collège s'ouvrait pour les femmes, d'arriver à l'université l'année où l'Université de Moncton était fondée, d'arriver au moment où toutes les portes s'ouvraient, comme si tout cela avait été fait pour moi. J'ai pu ainsi traverser les moments difficiles, sans me douter encore de ce que cela représentait[22]. »

Étudier l'œuvre de Gabrielle Roy lui permet de préciser sa propre écriture : « J'avais le goût d'écrire à la manière de Gabrielle Roy. Je découvrais enfin en Gabrielle Roy celle qui m'ouvrait des portes, parce qu'il y a chez elle une forme de réalisme convaincant et en même temps une poésie extraordinaire. C'était précisément ce que je cherchais dans la littérature et que je ne trouvais pas assez avant[23]. »

On a mangé la dune

En octobre 1962 paraît *On a mangé la dune* chez Beauchemin. Le lecteur accompagne Radi dans sa vie et ses rêves, ses inquiétudes et son imaginaire, du printemps 1939 – alors qu'on apprend que le père est malade et qu'il ne pourra plus travailler –, à septembre 1940 – quand la naissance du premier enfant de Claire confirme la fin de l'enfance de Radi, devenue ainsi tante. Ce roman expose pour la première fois ce qui deviendra le monde de Maillet : Bouctouche, l'Île-aux-Puces, la dune, mais aussi Citrouille, liant Poire-Âcre à Radi (Radegonde de son vrai prénom), intégrant au passage la trame de l'intrigue d'*Entr'acte*. Plus que l'histoire, somme toute élémentaire (dix-huit mois dans la vie de Radi), le roman vaut pour l'atmosphère qu'il crée, mi-réaliste, mi-fantaisiste : tout ce qui est raconté passe par la vision que Radi a du monde. La langue d'écriture est encore le français standard, légèrement enrichi d'expressions acadiennes. Mais le rythme de la phrase se rapproche de l'oral. Celle-ci se fait courte, sautillante, vivifiée par les verbes d'action.

Et, surtout, Maillet plonge dans sa propre enfance pour créer cet univers. Elle s'expliquera souvent sur ce choix : « Je suis convaincue d'une chose : c'est que toute l'œuvre d'un écrivain est contenue dans cet écrivain déjà à partir de la fin de son enfance. Je crois que tous nos thèmes, toute la base, toute la matière première de l'écrivain, il les porte en lui déjà avant vingt ans. Après, on ne fait que dépouiller cela. […] Ma conception de la littérature, c'est uniquement de regarder le monde, de le refaire avec ma vie, ma vision et mon alambic personnel, mais d'essayer de le faire le mieux possible. Et là, je rejoins cette espèce de morale de mon père, qui m'avait dit un jour : "N'essaie jamais d'être la plus grande femme du monde (et là-dessus il ne parlait pas seulement de ma taille); tâche d'être la plus grande Tonine du monde." Et ç'a été ma morale presque toute ma vie. Je ne monterai sur les épaules de personne, mais au moins je verrai le monde du haut de mes jambes à moi[24]. »

Curieusement, *On a mangé la dune* ne suscite en Acadie que peu de réactions si ce n'est la critique élogieuse du père Roger Savoie, qui paraît le 11 mai 1963 dans *L'Évangéline*[25], alors que quelques articles en soulignent la parution au Québec. Roger Savoie situe ce roman par rapport à la production plutôt sombre et pessimiste de l'époque : « Car il y a deux façons d'accuser notre bonne conscience endormie : par la grimace tragique des révoltés et par le sourire ingénu d'une fillette nommée Radi. Le roman, la poésie, le cinéma semblent évoluer dans la première voie. Je ne puis qu'applaudir ceux qui se lancent dans la seconde. L'œuvre d'Antonine Maillet n'est pas encore de la grande littérature. Mais, en plus d'être la première vraie romancière acadienne – ce qui n'est pas un petit éloge si nous considérons le risque et le courage qu'un tel honneur suppose chez nous! –, l'auteur révèle certainement des dons exceptionnels. Elle manie la phrase avec sûreté. Assez de sûreté pour y intégrer les néologismes acadiens et les archaïsmes savoureux que nos campagnes ont préservés. Elle fait preuve d'une grande acuité d'observation. Surtout, elle a le regard du poète, ce prophète qui nous introduit dans un monde oublié de nous, un monde qui chante. Tout cela est bon et nous ne pouvons que souhaiter à l'auteur de *On a mangé la dune* de continuer son chemin et d'ouvrir la route à une littérature française en Acadie. »

Jean-Paul Plante dans *Livres et auteurs canadiens 1962*, et Paul Gay dans *Lectures* (mars 1963), diront sensiblement la même chose de la qualité du roman, Gay ajoutant toutefois qu'« on y trouve un style très vivant, un style nord-américain, elliptique, cassé, alerte, heurté comme le jazz[26] ». Quelques années plus tard, alors qu'il vient de découvrir *L'avalée des avalées* de Réjean Ducharme, qui sort des presses, le poète Michel Beaulieu revient sur *On a mangé la dune* dans sa chronique « Les oubliés » de la revue *La Barre du Jour* (octobre 1966) : « J'avoue ma crainte en abordant le livre : l'auteur étant religieuse (*i.e.* "bonne sœur") et moi le sachant, j'attendais un livre du genre rempli-de-bondieuseries-donc-édifiant. Mais non, ici comme dans la vie les enfants s'amusent ou sont distraits durant le chapelet en famille – une tradition à laquelle on n'échappe guère pour peu qu'on s'éloigne des grandes villes[27]. » Il termine en écrivant : « Un livre à lire – je le dis (chacun s'y retrouvera enfant à l'une ou l'autre page). Pas un grand livre, sans doute. Mais un livre excellent. Nous en avons peu d'exemples[28]. »

Rabelais

Maillet passe l'année 1963-1964 à Paris pour faire des recherches sur Rabelais, grâce à une bourse du Conseil des arts du Canada, commençant ainsi la démarche qui la mènera à un doctorat. Elle en profite pour aller au Proche-Orient et en Afrique. Après avoir abordé Rabelais dans les versions expurgées, elle plonge dans les éditions complètes, comprenant grâce à lui la nécessité de lier culture savante et tradition populaire. La verve, les excès, la fantaisie, la truculence, l'invention verbale, l'immensité des personnages, tout la touche d'autant plus qu'elle retrouve chez ce natif de Chinon, une ville de la Touraine à la frontière du Poitou, nombre d'expressions toujours vivantes dans sa région de l'Acadie : « Ç'a été plus qu'une influence sur ma façon d'écrire. Ç'a été la découverte de la qualité de notre patrimoine. En faisant des études sur Rabelais, j'ai compris d'abord la littérature, parce que Rabelais est pour moi l'auteur le plus complet en français, dans ma vision de la littérature, bien sûr. Et, en même temps, j'ai découvert à quel point l'Acadie avait en germe tout ce qui était dans Rabelais. Alors, je me suis dit, non pas que j'allais être le Rabelais de l'Acadie, mais qu'il n'y avait plus de barrières à notre inspiration, qu'il n'y avait plus de barrières à mes ambitions. La littérature pouvait ouvrir à toutes les possibilités en Acadie. Rabelais a été plus qu'une influence. C'était un coup de pied[29]. »

À l'automne 1964, Maillet enseigne pour la première fois à l'Université de Moncton. En avril 1965, elle monte avec des étudiants *La leçon* et *La cantatrice chauve* d'Ionesco dans le cadre de la Semaine nationale de la bibliothèque, et publie à cette occasion un article, « Réflexions sur la lecture », dans *L'Évangéline* : « Le lecteur acadien à qui ce texte s'adresse va me lire avec quelque réticence ; cela je le sais. Parce que des réflexions sur la lecture l'ont toujours effrayé ; et cela je le comprends. Je le comprends d'autant mieux que je suis non moins acadienne que lui, et que, par conséquent, les abstractions me font tout aussi peur. La vie ne nous a pas tellement initiés, nous, à ce genre de survol dans les hautes sphères intellectuelles. Nous ne sommes pas cultivés. On ne nous a pas encore appris à regarder les choses en esthète ou en philosophe. Et c'est peut-être parce que ces choses, nous en avons trop besoin[30]. » Elle n'en dira pas plus, et l'on ne sait trop quoi retenir de l'article, qui demeure vague : on a l'impression d'un texte écrit malgré elle, comme si « on » le lui avait imposé : rien dans le texte ne rappelle la légèreté de *On a mangé la dune* ou n'évoque ce qu'elle a retenu de Rabelais. Peut-être le fait qu'elle le signe Sœur Marie-Grégoire est-il un indice. Peu de temps après, elle quitte sa communauté religieuse tout en continuant à enseigner à l'Université.

Durant cette même année, elle se lance dans l'écriture d'une pièce de théâtre, dans laquelle elle intègre le parler acadien et crée des personnages plus grands que nature qui doivent beaucoup à Rabelais. Elle termine *Les Crasseux* le 21 avril 1966 et soumet la pièce au Centre des auteurs dramatiques (CEAD).

Profitant des vacances estudiantines, elle passe l'été 1966 à parcourir l'Acadie « à l'écoute des conteux et des défricheteux de parenté », selon le mot de Marguerite Maillet[31]. Cette recherche nourrira sa thèse et ses œuvres subséquentes. L'année 1966-1967 la ramène à l'Université de Moncton. Elle commence également la rédaction de *Don l'Orignal*. Ce roman sera le premier qui lui permettra de faire fusionner la conteuse et la romancière qui tentent de cohabiter en elle : « Le conteur appartient à une tradition, mais non le romancier. Le romancier ne répète pas des choses qu'il a déjà entendues. Il crée sur place. Plus il est romancier, plus il cherche à être original. Tandis que le conteur, plus il est profondément conteur, plus il s'accroche à une tradition, plus il va rester dans une sorte de lignée. Le conte est plus ancien. Il transmet une forme littéraire et un monde idéologique, un monde d'images et de symboles. Mais il les transmet de génération en génération en changeant peu de choses. Quant au conteur écrivain – différent du conteur oral – il s'approche d'une part du romancier, parce que comme lui, il est original, personnel, identifié; c'est un individu et non pas une collectivité; il veut créer une œuvre originale. Mais d'autre part il garde un pied dans la tradition et dans la collectivité; alors, il a l'impression de se faire le porte-parole de cette collectivité. Et moi, je me sens comme cela. D'abord par mes origines. Un Acadien ne peut pas commencer par être un romancier. S'il est typiquement acadien, s'il profite d'une culture qui lui a été transmise par ses pères, il va bénéficier de tout un bagage de culture orale, transmise par ses pères, ce qui se rapproche beaucoup plus du conte que du roman. Et, deuxièmement, même si on peut parler de romans historiques, etc., essentiellement les grands romans sont des ouvrages psychologiques. Or, personnellement, la psychologie ne m'intéresse pas. J'espère que mes personnages ne manquent pas de psychologie, mais je ne fais pas d'études psychologiques[32].»

À l'automne 1967, elle s'installe à Québec et entreprend la dernière étape de sa thèse de doctorat sur *Rabelais et les traditions populaires en Acadie*, à l'Université Laval, sous la direction de Luc Lacoursière.

Les Crasseux

Le 21 juillet 1968, le CEAD présente une lecture publique de *Les Crasseux* au Théâtre de Quat'Sous (Montréal). La pièce est la cinquième publiée – par Holt, Rinehart et Winston – dans la revue *Théâtre vivant*, que dirige le Centre et dont chaque numéro se compose d'une pièce de théâtre. La sixième est *Les belles-sœurs* de Michel Tremblay. Dans *Livres et auteurs canadiens 1968*, Maximilien Laroche aborde cette double parution: «Elle [*Les Crasseux*] aurait normalement dû paraître avant *Les belles-sœurs*. Pourtant sa parution en librairie a suivi celle de la pièce de Michel Tremblay, plus exactement elle a coïncidé avec la publication de la deuxième édition des *Belles-sœurs*. Les dirigeants de *Théâtre vivant* ont-ils sciemment retardé la sortie de la pièce d'Antonine Maillet pour ne point désamorcer cette bombe qu'ont été *Les belles-sœurs*? Car dans cette nouvelle voie d'un théâtre que semblait inaugurer Michel Tremblay, Antonine Maillet va encore plus loin[33]. »

Les Crasseux raconte le conflit entre ceux d'En-Haut et ceux d'En-bas, qui reviendra dans plusieurs des œuvres suivantes d'Antonine Maillet. Ceux d'En-haut en ont assez de ceux d'En-bas. Ils décident de les contraindre à quitter le village. Mais ceux d'En-bas ne l'entendent pas ainsi : ils résistent. Une série de péripéties qui se centrent autour d'une loterie organisée par ceux d'En-haut – et qui offre comme prix un téléviseur, symbole de la modernité et de la société de consommation –, conduisent à des retournements qui ponctuent les trois actes : première manche à d'En-haut, deuxième à d'En-bas puis à d'En-haut, et dans le troisième acte, finale inédite à l'avantage d'En-bas qui, s'ils ont perdu le terrain sur lequel ils vivent, réussissent à mettre la main sur un terrain situé en plein cœur du village d'En-haut. Mais entretemps Citrouille se sera noyé, victime de cette « crise ». Si ceux d'En-haut sont les bien munis et ceux d'En-bas, les démunis, cela ne signifie pas qu'il s'agisse pour autant d'un conflit entre Acadiens : « Dans *Les Crasseux*, la vraie symbolique qui est derrière, ce n'est pas entre deux classes d'Acadiens, ce sont les Acadiens contre les Anglais. Mais je n'ai pas cherché une symbolique[34] », commentera Maillet.

L'intrigue est mince et ne s'appuie pas sur grand-chose, mais les personnages sont colorés et vivants. Ceux d'En-haut ne sont que des marionnettes, chacune porteuse du nom de sa fonction – La Mairesse, Le Marchand, La Chapelière, La Barbier, La Jeune Fille, Le Playboy et

Docteur –, alors que ceux d'En-bas portent des noms évocateurs de leur réalité : Don l'Orignal, Michel-Archange, Noume, Citrouille, La Cruche, La Sainte et La Sagouine qui, dans cette pièce, a 45 ans.

Les Crasseux marque un tournant dans la littérature acadienne dont peu s'apercevront. Pour la première fois, un texte de théâtre est écrit dans la langue encore parlée, mais en voie de disparition de cette Acadie du Sud-Est dont Maillet avait timidement commencé à explorer les sonorités : « Le jour où j'ai pu commencer un livre avec "godêche de hell", le jour où j'ai pu écrire un juron dans un livre et "j'avions" au lieu de "nous avions", j'ai compris que j'étais libérée sur le plan du langage. Et l'étant sur le plan du langage, je l'étais sur le plan littéraire. C'est *Les Crasseux* qui m'ont apporté cela. Dans *Pointe-aux-Coques*, j'imitais les livres, tandis que dans *Les Crasseux*, j'imitais la vie[35]. »

Si la publication de la pièce passe inaperçue en Acadie[36], elle suscite deux réactions au Québec, qui insistent sur le rapport à la langue. Dans *Études littéraires*, Madeleine Greffard signale que la pièce est « extrêmement attachante, pleine de verve et de couleur » et que l'auteure utilise « le patois » comme langue, puis continue sa phrase en reprenant ce que Jacques Ferron a écrit dans sa préface à l'ouvrage : « Elle utilise le patois non pas pour "se faire valoir par une façon de parler qui à beaucoup semblera une aberration, elle en a usé comme d'un matériau, l'intégrant dans le drame"[37]. » Par contre, Ferron ne parle pas de patois mais de « langage », et insiste sur le travail de linguiste de Maillet. Cette divergence de perception quant à la nature de la langue explorée par Maillet est au centre de l'article déjà cité de Maximilien Laroche : « Il appartiendra sans doute aux linguistes de fixer ce point de non-retour, ce moment où une langue change d'identité et passe, par exemple, du français à quelque chose d'innommé, pour ne pas dire d'innommable. Car le moins qu'on puisse dire, c'est que Michel Tremblay est battu sur son propre terrain et que les solécismes et les barbarismes, dont les oreilles prudes des *Femmes savantes* de Molière s'effarouchaient, pullulent ici et constituent, semble-t-il, la règle de ce nouveau langage que parlent la plupart des personnages d'Antonine Maillet. […] C'est à une véritable psychologie de sous-hommes que renvoie ce langage défiguré, difforme jusqu'à en être monstrueux. Si c'était bien là le langage des Acadiens, le "joual" des Québécois aurait de quoi faire trouver juste l'adage selon lequel c'est en regardant le sort des autres qu'on se prend à ne plus désespérer du sien[38]. » Et Laroche de donner des exemples qui mettent en relief la conjugaison (« je sons », « elles voulont »), l'accent « fortement nasalisé » (« houmes »), les déformations de mots (« samarigouine » pour samaritaine).

La pièce sera rééditée par Leméac en 1973 dans la foulée du succès de *La Sagouine*, accompagnée de la présentation de Jacques Ferron et enrichie de celle de Rita Scalabrini, et sera portée à la scène le 23 novembre 1974 par la Compagnie Jean-Duceppe dans une version nouvelle que s'empressera d'éditer Leméac. En attendant que *La Sagouine* vienne réhabiliter le parler acadien, ce patois demeurera innommable, et *Les Crasseux* sombreront dans l'oubli. Toute l'attention des médias se portera sur le joual que Michel Tremblay explore à la scène, que les écrivains réunis autour des Éditions Parti Pris (Gérald Godin, André Major, Jacques Renaud) utilisent plus ou moins abondamment dans leurs textes, et que fait littéralement exploser Robert Charlebois, Louise Forestier et Yvon Deschamps dans la chanson-spectacle *L'Osstid'cho* (1968).

La thèse de doctorat

L'attention d'Antonine Maillet est alors tournée vers sa thèse de doctorat, *Rabelais et les traditions orales en Acadie*, qu'elle soutient en 1969. À Luc Lacoursière qui l'incite à continuer ses recherches en folklore, elle répond : « Non, je ne saurais prolonger l'expérience taxonomique. Je veux désormais créer mes propres personnages, qu'ils soient gigantesques ou lilliputiens[39]. » La thèse est publiée à la fin de 1971 aux Presses de l'Université Laval, alors que l'ouragan *La Sagouine* souffle sur l'Acadie et le Québec. Quelques chroniqueurs spécialisés la remarquent, à commencer par Jean Éthier-Blais qui, dans *Le Devoir* du 29 avril 1972, affirme que ce livre « nous apprend plus de choses sur l'Acadie que sur Rabelais » et qu'il « sera beaucoup plus utile aux spécialistes du folklore qu'aux amateurs de Rabelais », article repris dans *L'Évangéline*, qui se contentera de cette recension légèrement commentée mais publiera de nombreux articles, entrefilets et comptes rendus sur *La Sagouine*. Les critiques sont dans l'ensemble favorables, toutes soulignant la qualité de la recherche et l'originalité de la démarche, et plusieurs établissant le lien entre la thèse et les œuvres de création. La thèse, un livre de 200 pages finement écrit, se divise en trois parties : la première présente l'Acadie et Rabelais, la seconde analyse les éléments matériels (contes, légendes, rites, coutumes…) et la troisième, les éléments formels (mots, locutions, procédés littéraires…) présents dans l'œuvre de Rabelais et conservés en Acadie.

Sitôt la thèse soutenue, Maillet séjourne plusieurs mois à Paris, où elle rédige *Par derrière chez mon père*. C'est alors qu'elle a l'idée de *La Sagouine* : « Les Acadiens parlent mieux que les autres [les Québécois et les Français] : c'est savoureux, c'est imagé et ce n'est pas artificiel. C'est en réfléchissant à cela, à Paris justement, dans l'ombre d'une vieille maison de la rue Vaugirard, que j'ai découvert *La Sagouine*. Ce fut le coup de foudre ! J'ai trouvé ma voie… J'ai décidé d'exprimer mes idées à travers les personnages que j'ai côtoyés en Acadie[40]. »

Montréal

À l'automne 1970, elle s'installe à Montréal tout en donnant des cours de création littéraire et de littérature orale à l'Université Laval. Si elle a vécu à Québec et à Montréal durant ses études, l'Acadie demeurait son lieu de vie. Déterminée à gagner sa vie avec l'écriture, consciente que le monde de l'édition est concentré à Montréal et que cette ville est la métropole des francophones du Canada, consciente aussi qu'elle sera plus à même d'y choisir le mode de vie qui lui convient, elle adopte Montréal tout en se gardant un pied-à-terre en Acadie : « Les Acadiens qui sont au Québec, et j'en suis, n'ont pas renié l'Acadie : ce n'est même pas un exil parce que remarquez que pour nous le Québec est une terre frère ou sœur. On se sent chez nous au Québec ; et en plus, on a l'impression que cette Acadie, on l'emporte avec soi. L'Acadie, ce n'est pas vraiment une terre, c'est une mentalité ; c'est un langage ; c'est un esprit ; c'est un peuple. Et on a l'habitude des exils. Partout où l'on va, on a l'impression de l'emporter avec nous, cette Acadie-là. Par ailleurs, on peut avoir un sentiment de nostalgie : ce n'est pas la même chose[41]. » Elle se définira même comme « bipatride[42] ».

Cet éloignement lui permet de nourrir son œuvre à la condition, toutefois, qu'il ne soit pas absolu : « Il faut une nostalgie, il faut un éloignement des choses que l'on raconte, mais il faut aussi ne pas trop s'en éloigner, parce qu'on en oublie la vraie saveur. Le danger, c'est d'oublier la couleur des choses, et l'odeur des choses. Or, je me suis rendu compte que pour vraiment raconter la mer, il faut l'avoir dans le nez, que pour vraiment raconter les champs de champignons, il faut les avoir sous les yeux, et pas depuis trop longtemps, parce que les choses changent[43]. »

Elle demeure néanmoins présente sur les ondes de Radio-Canada Atlantique : après *La Sagouine* à l'automne 1970, Antonine Maillet offre hebdomadairement aux auditeurs un nouveau roman, *Les Aventures de Maria à Gélas*, à partir du 5 octobre 1971 à 9 h 30, dans le cadre de l'émission *Radio-Stop*[44]. Ce roman sera publié en 1973.

Puis, c'est *La Sagouine* qui bouleverse la vie d'Antonine Maillet, tant au plan personnel que professionnel. L'aventure se déroule en deux temps : d'abord en Acadie jusqu'à la représentation du 9 octobre 1972 au Théâtre du Rideau-Vert, puis à partir de cette date, au Québec, où c'est l'engouement. Entretemps, l'Université de Moncton lui décerne un doctorat honoris causa ès lettres le 7 mai 1972, la choisissant du même coup comme porte-parole des personnalités honorées ce jour-là : « En moi, elle [l'Université] honore la femme, qui est le plus mineur des citoyens du monde ; elle honore les lettres, méprisées et affolées dans une société hautement industrialisée et technocratique ; elle honore l'Acadie, le plus petit coin perdu de la Francophonie. N'empêche que tous ces éléments rassemblés composent un tableau assez rare : une femme de lettres acadienne[45]. »

Don l'Orignal

La Sagouine n'a pas encore fait sa marque au Québec qu'Antonine Maillet publie le roman *Don l'Orignal* à la fin du printemps 1972, aux Éditions Leméac, dans la nouvelle collection « Roman acadien », collection que souhaite développer la maison d'édition en attirant d'autres écrivains acadiens autour d'Antonine Maillet. Dans sa critique du 12 août 1972 dans *La Presse*, Réginald Martel ouvre son texte en soulignant l'apparition de cette collection : « Signe des temps ? Comment refuser de le croire quand un respectable éditeur montréalais, qu'on ne peut considérer honnêtement comme farfelu, décide de lancer une nouvelle collection qu'il appelle tout simplement, comme si la chose était tout à fait naturelle, "roman acadien" ? Je suis de ceux qui commençaient à se lasser d'affirmer, contre l'opinion arrêtée de plusieurs gens de lettres bien-pensants et souvent peu-écrivants, que la littérature québécoise n'est pas la littérature canadienne-française, que la première est née d'une hypothèse nouvelle d'existence, tandis que la seconde, dont l'épithète n'a maintenant de sens que linguistique et géographique et non plus culturel, a pratiquement cessé d'exister comme ensemble cohérent et homogène. […] On glosera sans doute quelque temps sur l'existence ou l'inexistence d'une littérature acadienne. Le corpus littéraire acadien est certes encore très limité, et plus encore dans le genre romanesque que dans la poésie. Si l'accès au roman est la manifestation la plus nette de la maturité d'une littérature, on ne risque rien à prétendre que la littérature acadienne est encore naissante[46]. » Remarquant « que l'évolution sociale et politique du peuple acadien ressemble, malgré un décalage historique assez mince, à celle du peuple québécois », il en déduit que « la littérature acadienne n'aura pas à se définir par rapport à la littérature québécoise, puisque chaque peuple ne peut trouver sa littérature qu'en lui-même, mais elle pourra éviter les piétinements terriens ou édifiants qui ont empoisonné la création littéraire au Québec depuis le milieu du XIXe siècle[47]. » Puis il souligne l'apport de Maillet: « Il est sympathique que les premiers romans acadiens d'aujourd'hui soient ceux d'une femme et que cette femme n'hésite pas à rejeter le complexe de la bonne entente servile pour défendre avec ferveur et verdeur la culture acadienne. » Pour appuyer sa réflexion, il cite un extrait qui avait paru dans *La Presse* du 13 mai, du discours d'Antonine lors de la réception de son doctorat honorifique à l'Université de Moncton: « Tout ce que nous racontent les livres, nous l'avons connu et vécu chez nous. Nous connaissons aussi la joie de vivre, et la révolte devant l'injustice, et la peur devant le destin, et l'angoisse d'être au monde. Nous n'avons pas d'*Iliade* ou de *Chanson de Roland*, mais nous avons nos contes et légendes et si vous saviez tout ce qu'ils racontent[48]... »

En affirmant l'existence de la littérature acadienne, Martel ne fait que confirmer celle de la québécoise, dont l'institution littéraire québécoise a commencé à reconnaître la réalité peu d'années auparavant. Pour choisir deux exemples particulièrement évocateurs, c'est en 1969 que *Livres et auteurs canadiens* devient *Livres et auteurs québécois*; mais en théâtre, c'est en octobre 1972 que l'Association canadienne du théâtre amateur, bousculée depuis deux ans par la création de troupes de jeune théâtre, change son nom pour l'Association québécoise du jeune théâtre. Affirmer la réalité de l'un, c'est contraindre l'autre à en faire autant. Antonine Maillet arrive dans ce bouleversement institutionnel qui réagit aux changements politiques, sociaux et culturels, et la déduction de Martel s'avérera juste: la littérature acadienne est en train de naître.

Dès cette année 1972, Antonine Maillet se voit investie, bien malgré elle, du redoutable titre de porte-parole ou encore d'ambassadrice de l'Acadie, ce qui ne sera pas sans susciter certaines réactions de la part de ceux qu'Herménégilde Chiasson finira par nommer « les témoins », c'est-à-dire ceux qui ont choisi de demeurer en Acadie. Elle s'en défendra régulièrement : « Des fois, je voudrais qu'on ne me prenne pas pour le porte-parole de l'Acadie. Je me sens une parole, mais pas le porte-parole… Tous les Acadiens ne diraient pas la même chose que moi. Je ne suis pas l'Acadie. J'aimerais autant qu'on me prenne pour ce que je suis : un écrivain, d'abord[49]. » Mais en vain, d'autant plus qu'elle sera celle que les institutions inviteront chaque fois qu'elles auront besoin d'un nom…

4. Un milieu artistique en effervescence

En ce début des années 1970, tous les arts connaissent une effervescence teintée par l'émergence de jeunes artistes animés du désir d'afficher une acadianité qu'ils définissent au fur et à mesure qu'ils l'affirment, mais aussi de plus en plus convaincus que l'on peut exercer la profession d'artiste, ne serait-ce qu'à mi-temps, et qu'il faudrait pouvoir l'exercer en Acadie.

L'anti-livre

Le 11 septembre 1972 a lieu à l'Université de Moncton le lancement de *L'anti-livre*, une production des Éditions de L'Étoile magannée, ouvrage qui présente des poèmes de Jacques Savoie et des photographies de son frère Gilles Savoie, dans une mise en boîte enrichie d'illustrations d'Herménégilde Chiasson. Deux autres lancements suivent: le 12, au Collège de Bathurst, et le 13, au Collège Saint-Louis d'Edmundston.

L'objet est intrigant: dans une boîte en gros carton illustrée, assez de foin pour remplir la boîte et, emballés dans de la cellophane, les textes et les photographies sur des feuilles mobiles réparties en quatre sections. Sur la page liminaire, les auteurs prennent soin de préciser ce dont il s'agit : « Ce livre n'est pas un livre : un anti-livre ou une boîte tout au plus (parce que les cadeaux viennent toujours dans des boîtes). […] Or voici ce que nous vous recommandons : cette boîte, il faut la répandre, sous les arbres, sous les bureaux, dans votre tiroir d'en haut (d'en bas, aussi, pourquoi pas), entre vos "hardes" d'hiver, dans les gouttières, enfin partout. […] Si vous ne savez pas lire, vous pouvez en faire des serviettes de table, des doublures de soulier en hiver, des papiers mouchoirs ou torchoirs, le tout selon vos propres penchants (ne vous faites surtout pas de complexes on en a déjà assez comme ça). Si vous êtes Acadien, sachez que nous nous sommes inspirés de notre emblème en plaçant l'entreprise sous le patronage de l'étoile. Quoi de plus beau que l'étoile ? Quant au mot "magannée" que nous y avons accolée, il ne faudrait surtout pas chercher d'explication scientifique et profonde… il n'y en a pas ! L'Étoile magannée (du moins le titre), c'est pour rire[1] ! » Sur une des premières feuilles, neuf étoiles magannées dessinées par Herménégilde, à découper pour réaliser un mobile… Tiré à 1 500 exemplaires, *L'anti-livre* se vend à un prix dérisoire pour un livre d'artiste (entre dix et quinze dollars).

Si les poèmes de Jacques sont sombres, ses chansons sont porteuses d'espoir ; les photographies de Gilles retiennent la joie de vivre des personnages qu'il choisit et les dessins d'Herménégilde sont dans l'esprit de l'art pop et de la bande dessinée contre-culturelle ou underground. L'idée de l'objet-poème n'est pas nouvelle mais, en Acadie, il s'agit d'une première.

L'Évangéline lance l'aventure en lui consacrant une page, signée Louise Imbeault, dans son édition du 8 septembre. On y reproduit des illustrations, des photos, un poème. Le ton est élogieux et l'auteure insiste sur la « merveilleuse gratuité » de cette « boîte à surprise pour adultes ». Le premier ministre Hatfield prend la parole lors du lancement au Collège de Bathurst : « La parution de *L'anti-livre* constitue un événement important dans l'histoire artistique de l'Acadie. Cette œuvre démontre bien que la culture française au Nouveau-Brunswick n'est pas statique mais qu'au contraire elle est en perpétuel mouvement. Nous assistons depuis un certain temps à un regain de dynamisme pour toutes les facettes de la vie artistique acadienne. Il suffit de regarder les artistes présents ce soir pour s'en rendre compte. Je pense que l'ouvrage de ces trois artistes mérite notre encouragement car il est de bonne qualité et il représente un passage de l'ancien au moderne, de l'art traditionnel à l'art moderne. Il s'agit d'un lancement important pour toute la province[2]. » Cohérent, il achète une boîte.

Jacques Savoie

Jacques Savoie est né le 3 février 1951 à Edmundston. Après des études élémentaires et secondaires dans sa ville natale, il obtient un baccalauréat en sciences politiques et économie au Collège de Bathurst, en 1972. Pour payer ses études, il fait de la musique au sein des groupes *La Renaissance* puis *Syncope*. Il explore l'écriture, composant des chansons, des poèmes et une pièce de théâtre (en 1970). Il se prépare alors à partir étudier les lettres modernes à l'Université d'Aix-en-Provence grâce à une bourse France-Acadie, après avoir envisagé de s'inscrire en droit à l'Université d'Ottawa. En 1976, il fondera avec d'autres musiciens, dont Isabelle Roy, le groupe Beausoleil Broussard, qui aura beaucoup de succès, et il publiera en 1979 son premier roman, *Raconte-moi Massabielle* aux Éditions d'Acadie.

Herménégilde Chiasson

Herménégilde Chiasson est né le 7 avril 1946, dernier de trois garçons, à Saint-Simon, un village de 960 habitants à l'extrémité est de la Péninsule acadienne. Son père est pêcheur et travailleur sur les chantiers, analphabète fonctionnel, mais excellent dessinateur. Le jeune Herménégilde le regarde admirativement et se met à dessiner lui aussi. Si son père est plutôt silencieux, sa mère a son franc parler et elle ne tolère pas l'injustice, valeur qu'elle transmet à son fils.

Très tôt, il a le sentiment d'être différent des autres enfants. De son village natal, il garde l'esprit de résistance qui a animé son fondateur: « Saint-Simon a été fondé par des gens qui étaient des résistants. C'est le capitaine Saint-Simon qui a fondé le village dans les années 1760. À ce moment-là, lui et ses hommes fuyaient la bataille de la rivière Restigouche, la dernière bataille française en Amérique du Nord. Il a volontairement échoué son bateau afin que les Anglais ne puissent pas le prendre. Ils ont passé l'hiver sur la côte de Saint-Simon, et ensuite certains sont restés et ont fondé un village[3]. »

Tout en se passionnant pour les arts visuels, il suit l'exemple de son frère aîné, qui écrit des sketches pour les soirées amateur. Le théâtre l'impressionne parce qu'« il y avait l'idée de se sortir de son milieu par une espèce de fantaisie en adoptant un personnage[4] ». Quand la télévision entre dans sa famille à la fin des années 1950, il découvre le monde des classiques par le téléthéâtre. Grâce à la radio, il s'ouvre à la musique populaire. À l'époque, la radio capte CHNC, l'antenne de New-Carlisle; puis, à partir de 1959, la télévision capte CHAU, une chaîne de Carleton. Il s'agit de deux villes de la Gaspésie (Québec). Sans qu'Herménégilde s'en rende compte, son imaginaire se construit à partir de références québécoises. De plus, son milieu est entièrement francophone, tourné vers la baie des Chaleurs, et étranger à ce qui se passe dans le Sud-Est du Nouveau-Brunswick. Seul le journal *L'Évangéline*, mal implanté dans la Péninsule, apporte des nouvelles des régions acadiennes.

En 1963, il obtient son diplôme d'études secondaires à l'école régionale de Saint-Simon. Il remarque que de la trentaine d'enfants de son âge seulement trois graduent : « Je me disais que ce n'était pas une manière de vivre, qu'il devrait y avoir plus de dignité. C'est cette recherche de dignité qui m'a toujours motivé par la suite[5]. »

Mais plutôt que d'aller au Collège de Bathurst, il s'inscrit au Collège Saint-Joseph de Memramcook, alors en voie de se transformer en l'Université de Moncton (ce sera chose faite l'année suivante), et dont on prépare le déménagement à Moncton. On y offre une concentration en arts plastiques ; pour sa majeure, Herménégilde Chiasson choisit les lettres. Ce choix d'institution est en partie dû à l'influence du curé de sa paroisse, qui préfère les pères Sainte-Croix, plus ouverts au milieu populaire, aux Eudistes qui dirigent le Collège de Bathurst. Chiasson y découvre le théâtre en jouant dans *Le comédien aux champs*, monté par le père Jean-Guy Gagnon, qui animait La Cordée de la Rampe (1960-1965), troupe plus ou moins rattachée au collège ; il remporte même le prix du meilleur comédien lors du Festival de pièces en un acte, qui a lieu en février.

À Moncton, il découvre une Acadie qu'il ignorait. Alors qu'il ne s'était jamais préoccupé de ce qu'était l'Acadie, alors qu'il sentait intuitivement qu'il devait déménager au Québec pour vivre des arts, il prend conscience que les Acadiens sont un peuple éparpillé dans les Maritimes, et que vivre au Québec n'est pas possible si l'on veut s'inspirer et participer de la vie des Acadiens.

À l'Université, deux professeurs le marquent profondément: Antonine Maillet et Claude Roussel: « Lorsque j'étais étudiant à l'Université de Moncton je me souviens des discussions entre Claude Roussel et Antonine Maillet, entre la modernité naissante et le folklore omniprésent. Roussel voyait Jackson Pollock en peignant des pêcheurs acadiens et Maillet faisait remonter la langue acadienne à l'œuvre de Rabelais. Deux mouvements, deux écoles, deux continents[6]. » Roussel lui fait découvrir son propre imaginaire. En première année, il est pris d'une boulimie créatrice et produit plus de 350 peintures et gravures, à la recherche d'une forme d'expression personnelle. Il se rend compte que les sujets de ses œuvres n'ont pas besoin d'être acadiens: « Les œuvres que je faisais étaient acadiennes parce que j'étais Acadien et elles étaient modernes parce que j'essayais d'être au diapason de mon époque[7]. » Cette découverte se fait alors que la jeunesse acadienne universitaire est en pleine ébullition, et Chiasson participe à toutes les discussions, toutes les actions. Il chemine aussi politiquement, affirmant son nationalisme, se confrontant avec l'élite traditionnelle acadienne, partisane de la collaboration avec les anglophones, et revendiquant avec ses confrères le respect du fait français au Nouveau-Brunswick[8].

Il découvre « la musique de Dylan, de Lead Belly et de Léo Ferré, les textes d'Apollinaire, de Rimbaud et de Cendrars, qui auront eu une influence majeure sur [s]on travail ». Ces œuvres lui fournissent des « moules, pour reprendre le mot de Ferré » et son « expérience du territoire » donne sens à sa démarche: « Mon intérêt constant pour les arts visuels est sans doute responsable de m'avoir fourni des équivalences qui m'ont permis de rallier la modernité tout en restant profondément acadien et en vivant sur un territoire dont la pauvreté intellectuelle n'avait rien d'inspirant ou de rassurant. » Néanmoins, il rejoint Antonine Maillet sur sa perception de l'oralité : « Si les formes sont venues en partie d'ailleurs, il reste que c'est dans l'oralité, dans le rythme et dans la rumeur du pays que j'ai puisé le fond de ma pensée et de ma révolte. » C'est ainsi qu'il en arrive « à dire des choses qui autrement m'auraient parues invraisemblables. L'autre influence majeure aura sans doute été l'idée d'adapter les diverses formes d'art puis de transgresser les barrières isolant les uns des autres les différents médiums[9]. »

Il explore l'écriture à partir de 1967 mais ne se considère pas écrivain. Il intègre des textes dans ses œuvres visuelles, en particulier dans celles inspirées des artistes graphiques qui se situent dans le courant du pop art, et rédige ses premiers poèmes, qu'il ne publiera jamais. Il s'implique dans la troupe de théâtre de l'Université de Moncton comme scénographe et publiciste. Il obtient son baccalauréat en 1967. Ses œuvres sont exposées à la « Semaine du deuxième siècle » du Canada à Regina ainsi qu'à l'exposition internationale d'art étudiant de Tokyo, et il est le plus jeune des artistes de l'exposition *Sélection '67* de l'Université de Moncton.

À l'automne 1967, il enseigne le français et l'histoire à l'école secondaire Vanier. L'expérience n'est pas concluante et, à la fin de l'année scolaire, il démissionne pour poursuivre ses études à l'École nationale supérieure des beaux-arts de Paris, grâce à une bourse France-Acadie. Mais les événements de mai 1968 en France entraînent une crise dans l'enseignement universitaire de ce pays, et Herménégilde Chiasson se voit dans l'obligation de contremander son projet. Il choisit d'aller suivre un stage de formation à la Guilde Graphique de Montréal, stage animé par le graveur Richard Lacroix. Mai 1968 le marque profondément: « Tout ce que j'ai à dire, tout ce qui s'est passé au niveau politique et au niveau de ce que je suis devenu dérive de 68. À partir de ce moment, il y a eu un genre de rupture, un refus et beaucoup de gens que je connaissais ont vécu la même chose. Or, après 1968, le discours nationaliste a pris beaucoup d'importance, il aurait alors été difficile de lui échapper et de se situer au théâtre dans une problématique moderne. C'est pourquoi j'ai abandonné la problématique moderne pour essayer de me brancher sur un discours de l'identité, de l'identification à un certain rôle, à une certaine fonction[10]. »

De retour à Moncton, il est scripteur pour *Au chant de l'alouette,* une émission radiophonique au réseau national de Radio-Canada, écrit un premier radio-théâtre, *Tony Belle,* diffusé dans une réalisation de Robert Blondin (1968, texte et enregistrement maintenant perdus) et participe à la mise sur pied du Clapet à Barachois, premier centre d'artisanat à ouvrir en Acadie (été 1969). Mais Herménégilde veut étudier. Puisque la France est hors de portée, il entre à l'automne 1969 en 2e année du Bachelor of Fine Arts à la Mount Allison University de Sackville, un village situé à une cinquantaine de kilomètres de Moncton. En 1970, il obtient la bourse Gardiner de l'université pour avoir obtenu la plus haute moyenne de tous les étudiants de toutes les années. Ses études l'incitent à s'investir entièrement dans les arts et il expose avec le Groupe des Six, aussi bien au Nouveau-Brunswick qu'ailleurs au Canada et à l'étranger.

En 1969, il publie ses premiers poèmes dans le numéro que consacre *Liberté* à l'Acadie, demeurant néanmoins persuadé que la littérature n'est qu'accessoire dans sa démarche. Parallèlement à ses études, il est recherchiste à temps partiel à Radio-Canada (1970), chargé de cours du soir à l'Université de Moncton (1971) et s'implique dans la compagnie de théâtre Les Feux Chalins comme scénographe et publiciste (1971-1974). Après avoir obtenu son Bachelor of Fine Arts en 1972, il est engagé comme journaliste à la radio de Radio-Canada. C'est alors qu'est publié *L'anti-livre*.

Chiasson, Savoie et *L'anti-livre*

Pour Jacques Savoie, *L'anti-livre* est un épiphénomène : « Quand tu as vingt ans, surtout en 1970, tu as besoin de chercher le contraire de, de faire l'envers de… Après avoir ainsi attiré l'attention, après le risque en fanfaronnade qui veut contredire ce qui se fait, tu dois proposer quelque chose, une nouvelle manière de faire. Alors, tu lâches le jeu de contrarier ou détruire et tu construis[11]. »

Herménégilde Chiasson lie la publication de *L'anti-livre* aux manifestations de 1968 à l'Université de Moncton. *L'anti-livre* est l'affirmation artistique de ce désir d'inscrire la société acadienne dans les courants contemporains. En cela, cette publication joue en Acadie un rôle similaire à celui du *Manifeste du Refus global* au Québec, mais sur un plan ludique plutôt que dramatique : les années 1960 et 1970 sont celles de la contre-culture. « Nous, affirmera plus tard Chiasson, ce que nous voulions faire, à l'époque [de *L'anti-livre*], c'était d'arriver à donner une autre perception de ce que devrait être la société et à faire accepter notre conscience. J'ai toujours pensé que le Refus global au Québec s'est produit en 1948 par un texte signé par des artistes. C'était, je pourrais dire, comme un manifeste de la modernité québécoise. Nous, ce manifeste-là, il s'est produit en 1968, vingt ans plus tard. Et ça s'est produit avec un groupe de gens, dont Michel Blanchard avec qui j'étais très ami à l'époque, mais que je vois moins souvent parce qu'il habite Caraquet. C'était une époque très effervescente au niveau de l'écriture. On contestait énormément la société dans laquelle on vivait. On trouvait que c'était une société de la noirceur, contrôlée par le clergé. Ce qu'on voulait, c'était d'arriver à avoir une dimension beaucoup plus neuve, beaucoup plus moderne. On voulait rencontrer les autres sociétés, qui elles aussi voulaient accéder à la modernité. Dans ce sens-là, c'est vrai que nous étions des révolutionnaires. On a provoqué beaucoup, mais ce n'était pas par instinct de provocation. Nous étions simplement nous-mêmes. Il y en a qui ont vu ça comme une provocation, mais ça ne devait pas nécessairement l'être, parce que finalement, nous sommes restés relativement fidèles à nos idées. Des idées de tolérance, de justice et de dignité[12]. »

Borduas a eu une grande influence sur Chiasson, sans doute plus comme homme que comme artiste, en particulier dans son choix d'exercer son action au Québec: «Raisons pour partir, raisons pour rester. Pour rester surtout car c'est de l'intérieur que les prises de conscience aboutissent. Autrement il est bien certain que l'on se servira toujours du succès pour mousser la publicité d'options qui ne sont plus vraiment pertinentes à la dignité que nous réclamons. Entre Riopelle et Borduas, il y a toute la marge du succès et de la conscience mais il me semble, d'un point de vue collectif, que l'œuvre et le courage de Borduas sont plus importants au Québec moderne que la cote mondiale de Riopelle. Le fait que c'est le contraire qui a prévalu tient surtout au fait que le Québec, colonisé par la France, n'a pas su imposer sa culture y compris et surtout à lui-même. À l'échelle, notre destin ressemble beaucoup à celui du Québec jouant pour nous le rôle que lui jouait la France il y a 25 ans[13]. »

Les chansonniers

Les lancements de *L'anti-livre* se déroulent dans une atmosphère de fête, fête de l'art mais aussi de la chanson : l'auteur-compositeur-interprète Calixte Duguay et l'interprète Isabelle Roy y présentent leurs spectacles.

Les Acadiens chantent et l'histoire a retenu qu'en embarquant sur les bateaux qui les déportent, ils ont entonné des cantiques. Les chants religieux et folkloriques se sont transmis de génération en génération. Depuis 1942, le père Anselme Chiasson, né le 3 janvier 1911 à Cheticamp, collige les chansons traditionnelles en collaboration avec le frère Daniel Boudreau, et les publie dans *Chansons d'Acadie*, reprenant l'idée récente (1938) et la forme des cahiers de *La bonne chanson* de l'abbé Charles-Émile Gadbois en se limitant toutefois au répertoire acadien. En 1972, le père Chiasson publie son quatrième recueil. En 1956, la folkloriste Hélène Baillargeon avait fait paraître le microsillon *Folk Songs of Acadia* chez Folkway, fruit d'une première collecte.

Sous l'impulsion des collèges, de nombreuses chorales se sont créées puis le mouvement s'est répandu dans les paroisses. Quelques microsillons témoignent de la vitalité de ces chorales : les disques éponymes de la *Chorale du Collège Jésus-Marie* (1965) et de l'*University of Moncton Male Choir* (1968, publié par CBC, ce qui explique sans doute le choix de l'anglais), *The Voyageurs and Their Songs* de la Chorale Neil Michaud (1966).

En musique populaire, les enregistrements sont rares et se limitent au folklore à l'exemple de *Fiddli' and Other Fun* de Ned Landry (1967). La chanson populaire émerge avec les (trois) *Sœurs Gallant*, qui enregistrent leur premier 45 tours en 1964 après s'être installées à Montréal ; en 1967, Patsy Gallant (née à Campbellton en 1948) amorce une carrière solo et connaît ses premiers succès en interprétant les chansons des films *L'initiation* (1969) et *Y'a plus de trou à Percé* (1971) et s'impose avec les microsillons *Toi l'enfant* (1971), en français, et *Upon My Own* (1972), en anglais, tous deux pour CBS. Mais si la scène de la musique populaire est active en Acadie, elle demeure dans l'ensemble plus amateure que professionnelle.

Durant les années 1960, la première génération de chansonniers apparaît. Cette scène est consacrée avec la création en 1969 du Gala de la chanson acadienne, qui s'inscrit dans le cadre du Festival acadien de Caraquet – fondé en 1963. La liste des premiers lauréats donne un bon aperçu du dynamisme de cet art. En 1969, Raymond Breau obtient le premier prix, Donat Lacroix, le deuxième, et Calixte Duguay, le troisième ; Raymond LeBlanc est également du concours. En 1970, Donat Lacroix l'emporte chez les seniors alors que Jacques Savoie arrive premier dans la catégorie des 17-20 ans. Le Gala ouvre une catégorie poésie, que remporte Calixte Duguay, suivi de Raymond Breau. En 1971, Marie-Reine Chiasson obtient le premier prix chez les seniors, suivie d'Isabelle Roy. En 1972, c'est au tour de Bernard McLaughlin de s'imposer chez les seniors, suivi de Georges Godin et d'Alfred Lejeune.

Édith Butler et Angèle Arsenault

Si ces chansonniers demeurent en Acadie, Édith Butler et Angèle Arsenault choisissent de s'installer au Québec. Née à Village-des-Abrams dans l'Île-du-Prince-Édouard en 1943, Angèle Arsenault étudie au Collège Notre-Dame d'Acadie puis se lance, en 1963, dans l'interprétation du folklore acadien. En 1966, elle déménage au Québec où elle poursuit ses études en littérature avant de renouer avec sa carrière de folkloriste. Elle enregistrera son premier disque en 1974.

Née à Paquetville en 1942, Édith Butler étudie également au Collège Notre-Dame d'Acadie, anime de 1962 à 1964 l'émission *Singalong Jubilee* à la télévision anglaise des Provinces maritimes, participe comme chanteuse de folklore à *Les Acadiens de la dispersion*, un documentaire de Léonard Forest pour l'ONF (1967), poursuit ses études d'abord à l'Université de Moncton puis à l'Université Laval, où elle se spécialise en ethnologie. Elle fait le circuit des boîtes à chansons et, en 1970, elle chante au pavillon du Canada de l'Exposition universelle d'Osaka (Japon) pendant les six mois que dure l'événement. En 1971, elle enregistre le microsillon *Chansons d'Acadie* pour Radio-Canada International, par conséquent hors-commerce. En juin 1972, elle enregistre un premier 45 tours pour Columbia, qui comprend les titres *J'arrivais d'un pays sans nom* et *Nos hommes ont mis la voile*, deux chansons de Daniel Deschênes, la seconde avec des paroles de Jean-Claude Dupont. Elle sortira son premier album en 1973.

Donat Lacroix

Né à Caraquet en 1936, Donat Lacroix est bachelier ès arts du Collège de Bathurst (1958) et bachelier ès sciences de l'École supérieure des pêcheries de La Pocatière, affiliée à l'Université Laval (1962). Il fait partie de plusieurs chorales, entre autres celle de l'Université de Moncton. Il lance sa carrière comme folkloriste en 1962 puis écrit ses propres chansons. En 1965, il compose la chanson thème du Festival acadien de Caraquet, *Chantez avec nous*.

Dans ses spectacles, Lacroix mêle chansons, imitations (en particulier de Gilles Vigneault et du père Gédéon) et commentaires humoristiques sur la vie. Avec la complicité de Léo Cormier, qui écrit les monologues, il développe le personnage de Jos Manigau, un vieux « pêcheur plein de bon sens qui n'hésite pas à asséner au monde ses vérités premières[14] ». Ce personnage n'est pas sans annoncer celui de la Sagouine. En 1971, il atteint la finale du Festival de la chanson de Granby et, en 1972, compose *Viens voir l'Acadie*, qui deviendra un véritable hymne à l'Acadie. Mais Donat Lacroix est un peu effrayé par le monde du spectacle : « J'ai trois enfants. J'hésite à abandonner l'enseignement, qui me procure un revenu fixe. » Et puis les voyages l'effraient aussi : « J'ai envie de vivre le plus souvent possible au bord de la mer. À Caraquet[15]. » Il enregistrera son premier microsillon en 1974.

Calixte Duguay

Né à Sainte-Marie-sur-Mer dans l'île de Shippagan en 1939, Calixte Duguay entre au Collège de Bathurst en 1953, où il obtient son baccalauréat ès arts en 1960. Il enseigne alors à l'école publique de Bathurst tout en terminant son baccalauréat en pédagogie (1962). En 1962-1963, il effectue un stage d'études à Paris, puis enseigne à Caraquet l'année suivante. De 1964 à 1968, il étudie à l'Université Laval, obtenant une maîtrise ès arts en français (1966) puis complétant sa scolarité de doctorat. À l'automne 1968, il devient professeur de littérature au Collège de Bathurst, où il enseigne toujours en 1972. Depuis qu'il est enfant, il étudie la musique ; au collège, il dirige l'ensemble vocal et instrumental La Cinquième Saison, qui regroupe une trentaine d'étudiants.

Durant la première partie des années 1960, il compose ses premières chansons, s'aventure sur scène. Il compose « Louis Mailloux » en 1967, se monte un répertoire et, à partir de 1968, donne des spectacles, sans envisager quitter l'enseignement, qui lui apporte la sécurité financière et lui permet de faire ce qu'il veut en chanson, sans concession. En 1971, il participe à la finale du Gala de la chanson de Granby.

Les chansons de Duguay interrogent l'identité acadienne, et il devient le barde des jeunes nationalistes. Ainsi, il compose et chante en mai 1972 *C'est l'temps ou jamais*, la chanson thème du Congrès des francophones du Nouveau-Brunswick, qui donne naissance à une association acadienne provinciale. Ce désir de chanter son pays ne se fonde pas sur un rappel du passé mais sur la nécessité de se construire un avenir : « Si je veux chanter mon pays, c'est parce que je m'interroge sur lui et sur son identité. Moi, je le sais, j'ai choisi d'être acadien et cette interrogation ne vaut pas tant pour moi puisque j'ai choisi. Mais il y en a beaucoup qui n'ont pas choisi. Être acadien, cela veut dire, comme je le chante dans *Les Anglais*, "sauter, danser, chanter, rire en français". Quand je dis [que] je m'interroge sur la signification du mot "acadien", je prends ce mot à son sens collectif. Et je cherche, et je ne trouve pas beaucoup. J'ai découvert que c'était à la fois une foule de petites choses et pas grand-chose. Quand je me pose la question, je débouche sur des valeurs qui ne sont pas collectives : cela me peine. Ce qui me gêne aussi, c'est d'être obligé de me rabattre sur le folklore pour pouvoir parler de mon pays. Mais nous sommes obligés, nous autres, quand nous voulons faire une chanson sur l'Acadie, nous sommes toujours presque obligés de parler du passé car nous partons de rien ; nous n'avons pas de tradition artistique. Je sais bien que la tradition, nous sommes en train de la faire, en ce moment, mais quand même. Dans mon cas personnel, pour ne pas trop tomber dans le piège du folklore, je me réfugie dans la nature : je parle de *Mon île*, où je suis né en pleine nuit, des bateaux d'autrefois, etc. […] J'ai peur, parce que nous partons de rien, de trop imiter ce qui se fait ailleurs et de ne pas être moi-même[16]. » Pour Duguay, « on ne peut pas être acadien sans être militant[17] ».

Et quand on lui offre d'accompagner Raymond Breau en tournée au Québec, il s'interroge : « Cela m'intéresse également, bien que je ne vois pas trop ce que je vais aller dire aux Québécois[18]. » Il fera néanmoins la tournée avec Breau.

Raymond Breau

Né à Tabusintac en une année qu'il refuse d'avouer, Raymond Breau fait ses études élémentaires et secondaires dans son village. Il poursuit ses études à l'Université de Moncton, où il obtient un baccalauréat ès arts en 1967. En 1968, il s'inscrit à l'Université de Montréal et y obtient un baccalauréat en sciences humaines avec spécialisation en animation. De 1970 à 1972, il est responsable de la vie étudiante au Cégep de la Gaspésie et, à l'automne 1972, il est engagé comme animateur socioculturel et sportif au Cégep Lévis-Lauzon, poste qu'il occupera jusqu'en 1974.

Il commence à jouer de la guitare et à composer durant ses années à Moncton, et est lauréat du premier Gala de la chanson de Caraquet, en 1969. Il monte alors un spectacle qu'il tourne en Acadie et dans l'Est du Québec. Le succès est immédiat ; les Disques Sélect lui offrent d'enregistrer un microsillon de ses chansons. *Raymond Breau. Volume I* sort à l'automne 1971 et est bien reçu par la critique, mais les ventes ne dépasseront pas les 2 000 exemplaires[19]. Un peu comme Calixte Duguay, il s'insurge contre le folklore : « Je suis contre le chiac… J'en mets le moins possible dans mes chansons. Parce qu'on est déjà assez "ghetto" comme ça sans s'ajouter d'autres symboles minoritaires… Et je n'aime pas trop cette vogue du folklore qu'il y a chez nous, actuellement: le folklore, ça fait un peu formol. On a besoin de changements, pas de poussière[20]. »

Un théâtre amateur qui se transforme

Si le théâtre est vivant dans les écoles, les collèges et les communautés, il demeure amateur et dépendant du répertoire français et, à un degré beaucoup moindre, du répertoire québécois – à l'exception du phénomène de *La Sagouine*. Deux événements compétitifs annuels permettent aux compagnies et troupes amateures, tant acadiennes qu'anglophones, de se rencontrer en présentant leurs spectacles: le Festival de pièces en un acte de Moncton et le Festival d'art dramatique du Nouveau-Brunswick, qui se déplace d'une ville à l'autre.

Jusque dans les premières années de la décennie 1970, les productions reposent sur les répertoires français et étranger, et demeurent dans l'ensemble traditionnelles quant à leurs mises en scène. En conclusion du Festival de pièces en un acte, qui s'est tenu du 15 au 19 février 1972, la «juge-critique» Jeanine Beaubien, comédienne et directrice du Théâtre La Poudrière, de Montréal, «a renouvelé son appel pour un théâtre plus jeune, inventif, mettant en scène des créations collectives et des auteurs canadiens[21]». Quatorze troupes participaient au festival, dont quatre francophones: la Troupe du département de théâtre de l'Université de Moncton, les jeunes du Théâtre amateur de Moncton (TAM), l'École Beauséjour et l'École Vanier, qui présentait une création animée par Viola Léger.

À partir du 25 janvier 1973, *L'Évangéline* publie en rafale une série de cinq articles consacrée «au théâtre francophone au Nouveau-Brunswick». Le journaliste Pierre

Christien Creignou, un coopérant français, y trace le portrait des principales compagnies: Théâtre du Collège de Bathurst (TCB), Les Feux Chalins, Théâtre amateur de Moncton (TAM) et Troupe théâtrale de l'Université de Moncton (TTUM). D'emblée, le journaliste place sa série sous le titre provocateur d'«Un art en mauvaise santé», ce que les quatre articles suivants tentent de prouver avant que le cinquième précise que cette «mauvaise santé» est due non au travail des quatre compagnies mais «au peu d'intérêt du public envers le théâtre», public que Creignou estime à 300 personnes à Moncton. Il précise toutefois que celui-ci «a des circonstances atténuantes», les salles de Moncton étant déficientes, tant au niveau du confort de leurs sièges qu'au niveau de leurs qualités acoustiques et scéniques. Seule la salle du Collège de Bathurst est d'excellente qualité.

Fondé par le père Maurice LeBlanc en 1963, le Théâtre du Collège de Bathurst (TCB) demeure un théâtre scolaire qui monte des pièces du répertoire français (Labiche, Molière), international (Garcia Lorca) et québécois (Toupin). L'une des dernières productions (1973), *La noce des petits bourgeois* de Bertolt Brecht, indique un désir de s'inscrire dans les courants contemporains, désir sans avenir à Bathurst mais qui alimentera la démarche des trois autres compagnies, toutes fondées en 1969.

Nés en 1969 de la volonté d'un petit groupe animé par le père Jean-Guy Gagnon, Les Feux Chalins proposent jusqu'à leur dissolution en 1976 un répertoire principalement français (Camus, Ionesco, Labiche, Courteline, Ghéon…), quelquefois québécois (Tremblay, Loranger), rarement international (Camoletti, Mrozek) et acadien (Maillet, Goupil). Grâce à une subvention obtenue dans le cadre du Programme d'aide aux langues officielles, la compagnie aménage un théâtre de poche de 80 places au 363, rue Saint-Georges à Moncton, déterminée non seulement à offrir des pièces de théâtre mais aussi des spectacles de chansonniers et de musiciens, et des soirées de poésie. Le succès de *La Sagouine* stimule la compagnie, qui se dote en 1972 d'une secrétaire administrative – poste qu'occupe Annette Bolduc –, et qui assurera la diffusion du Théâtre de Marionnettes créé et animé par Jean Péronnet.

Né à Lyon – la ville de Guignol – en 1943, Jean Péronnet obtient à l'université de cette ville sa licence et son diplôme d'études supérieures en lettres modernes, en 1967. Il arrive en Acadie la même année comme professeur coopérant à l'Université de Moncton. Après son service militaire, il retourne brièvement en France puis s'installe définitivement à Moncton, où il avait au préalable rencontré Louise Després, qui deviendra sa femme. Sensible à la littérature enfantine, il avait découvert à l'adolescence la marionnette, lors «de camps d'expression» scouts, en particulier la marotte «au visage tendu de feutrine et aux doigts habiles, [qui] avait été remise à l'honneur par André Tahon»; en 1960, il avait été enthousiasmé par un spectacle du grand marionnettiste Henri Delpeux: «Secrètement, ce jour-là, je me suis dit qu'il n'y avait rien de mieux à faire au monde[22]!»

De retour en Acadie, il décide de fonder son théâtre de marionnettes pour enfants: «J'ai eu la chance d'entreprendre la fabrication de mes marionnettes en compagnie de deux enfants de Moncton, Paul et Anne-Marie, qui étaient devenus des amis. Ils m'ont appris à dire, pour mieux passer la rampe, "lavage" au lieu de "lessive". L'air du temps se prêtait à la création collective. C'est Anne-Marie qui a baptisé spontanément ma première marionnette en papier mâché. Par la vertu d'un nom éminemment acadien, me voilà naturalisé d'un coup. Les spectacles nous les avons d'abord donnés à Moncton, en hiver. Mais dès notre première tournée, j'ai dû faire appel à des étudiants en art dramatique. Ce n'est pas de gaieté de cœur que j'ai dit adieu à mes deux collaborateurs de la première heure[23]. » En octobre 1972, le personnage de Pépère Goguen connaît sa première sortie dans *La drôle de chasse de Pépère Goguen*, et sa deuxième, dès décembre, dans *Le Père Noël a la grippe*.

Fondé lui aussi en 1969, le Théâtre amateur de Moncton (TAM) est l'œuvre de Laurie Henri. Arrivé à Moncton en 1953, Henri y constate la quasi-inexistence du théâtre francophone. Avec l'appui du curé Pellerin, il crée en 1956 une compagnie qui prend le nom de la paroisse Notre-Dame-de-Grâce, où il monte essentiellement des pièces du répertoire religieux dans le sous-sol de l'église. Il abandonne peu à peu ce répertoire et réorganise la compagnie sous le nom de TAM, qu'il dote d'un véritable conseil d'administration. En 1970, il obtient, tout comme Les Feux Chalins, une subvention du secrétariat d'État, loue un local de répétition au-dessus de celui du quotidien *L'Évangéline*, et se lie à Laval Goupil – qui est également impliqué dans Les Feux Chalins – pour la mise en scène et l'animation auprès des jeunes et à Chantal Cadieux pour les chorégraphies. Le TAM offre des pièces interprétées par des adultes et d'autres jouées par des adolescents : ainsi, en 1972, la compagnie présente *Les fiancés en herbe* de Labiche et une adaptation du *Petit Prince* de Saint-Exupéry.

La Troupe théâtrale de l'Université de Moncton (TTUM) naît en 1969, en même temps que le département d'art dramatique dont il est le prolongement. Le père Maurice Chamard, doyen de la faculté des arts, était convaincu « de l'importance de former des animateurs capables de mener la lutte pour la défense de la langue française[24] », et pensait qu'un département d'art dramatique pouvait contribuer à cette défense. À cette volonté se greffe, selon Laurent Lavoie, le désir de « permettre aux jeunes de s'exprimer librement, d'extérioriser leurs craintes et leurs passions et de mieux se connaître[25] », désir issu de la réflexion institutionnelle qui découle des grèves étudiantes de 1968.

En 1969, le père Chamard obtient le concours du metteur en scène français Guy Foissy, qui reçoit le mandat d'établir un programme. Quatre mois plus tard, il remet son rapport et recommande l'engagement de la comédienne, metteure en scène et animatrice théâtrale française Claire Ifrane – qui jouera également pour Les Feux Chalins – comme professeur et directrice. La troupe monte des pièces pour adultes et pour enfants choisies dans les répertoires québécois (Jean Morin), français (Molière) et international (Tchekhov, Sean O'Casey). En 1972, un autre Français, Jean-Claude Marcus, se joint à Ifrane et à Eugène Gallant, insufflant une vie nouvelle à la petite équipe, dont sa mise en scène de *La farce de maître Pathelin* sera la première manifestation, et dont Creignou écrira dans *L'Évangéline* du 30 janvier 1973 qu'elle était géniale. Marcus n'avait pas que repris le texte de ce classique : il y avait intégré des références satiriques à Leonard Jones, le maire de Moncton : lentement, le théâtre tend à exprimer le milieu dans lequel il se développe.

Laval Goupil semble y faire écho quand il affirme, le 5 décembre 1972 : « Le théâtre doit répondre à des préoccupations concrètes inévitables. Le théâtre doit permettre au spectateur de se dégager de l'ornière culturelle. [...] Le théâtre peut et doit devenir l'instrument d'un retour de l'Acadien au centre de son identité. […] Il faut former des comédiens et des comédiennes en contact direct avec la réalité sociale et qui, à travers leurs expériences diverses – cours, spectacles, animation, tournée… – cherchent déjà des modes d'expression de la situation qui est la nôtre.» Et, en conclusion, il exprime un souhait: «Avec un peu de vent dans les voiles et qui nous viendrait, je présume, du côté d'un certain nombre de jeunes éveillés à ce genre d'art et à ce qui se passe en Acadie, le TAM pourrait peut-être donner suite à ce qu'Antonine Maillet et les étudiants d'art dramatique de l'Université ont fait circuler partout en Acadie et à l'extérieur: une voix pour l'Acadie[26].» Mais ce ne sera pas le TAM qui deviendra cette voix: Goupil a déjà d'autres projets.

5. S'affirmer Acadien

En avril 1972 paraît le premier numéro de la revue *L'Acayen*. Mise sur pied par une petite équipe dirigée par Michel Henry, auquel succèdera en 1973 Jean-Marie Nadeau, et basée à Bathurst, la revue est franchement orientée vers la gauche progressiste et indépendante du Parti Acadien – même si elle en partage les objectifs; vouée à l'illustration et à la défense d'une Acadie moderne, *L'Acayen* «s'adresse à tous les francophones du Nouveau-Brunswick, en particulier à ces défavorisés par les politiques gouvernementales ou exploités par nos "gros bonnets"[1]».

Mais ces francophones ont-ils un nom propre, un nom qui les distingue des autres francophones du Canada? Dans un article paru dans le premier numéro, «À la recherche d'un nom», Léon Thériault pose le problème: «Existe-t-il un nom collectif qui convienne pour désigner tous les Francophones du Nouveau-Brunswick? Pour désigner cet ensemble, tantôt on se dit "Acadien", tantôt "Canadien-français", tantôt "Canadien" ou encore "Néo-Brunswickois". Qui sommes-nous? Quel terme nous définit le mieux[2]?» Pour Thériault, l'exercice de se donner un nom est nécessaire, «s'il est vrai que nous tenons à nous considérer comme une société complète avec ses problèmes propres[3]. » Après avoir éliminé les autres noms, il propose Acadien et Acadie à la condition « de vider la définition de [ces] expressions de leur exclusivisme à caractère extra-spatial et extra-temporel[4] » : pour lui, les Acadiens sont tous les francophones qui habitent dans les Provinces maritimes, qu'ils soient descendants ou non de ceux qui ont habité l'Acadie d'avant la Déportation, tandis que l'Acadie s'insère à l'intérieur du Nouveau-Brunswick. Mais lui-même doute de la réalisation de son souhait : « Si les gens du Madawaska en particulier refusent le terme avec sa nouvelle acception, alors il faut au plus vite mettre ces expressions au rancart. Nous nous entendrons peut-être plus facilement sur le contenu de la réalité que sur le nom qu'elle doit porter[5]. »

Cette difficulté de se doter d'un nom collectif hantera longtemps les francophones du Nouveau-Brunswick même si l'usage finira par imposer Acadiens et Acadie, avec toutes sortes de nuances, de réserves ou au contraire dans les acceptions de Thériault. Mais un fait demeure : les mots « Acadien » et « Acadie » deviennent en cette fin des années 1960 et début des années 1970 des signes du ralliement des francophones, signes encore fragiles d'une patrie à naître, comme l'écrit Michel Roy dans ce premier numéro : « Il nous reste une petite chance dans le regroupement autour d'un projet commun, dans un territoire que nous occupons en densité et qualité. Il n'est pas interdit de rêver et de travailler. Rêver à une sorte de sionisme acadien. Travailler à bâtir une société qui se présentera comme une patrie », et de citer Jacques Berque ensuite : « La retrouvaille d'une patrie est aussi sollicitation des autres patries en vue d'un dialogue universel[6]. »

Le samedi 8 avril 1972 a lieu la première Nuit de

la poésie et de la chanson acadiennes à l'Université de Moncton, organisée par le Cercle littéraire La Sagouine. Regroupant une soixantaine de poètes (dont Ronald Després, Raymond LeBlanc), de conteurs (Anselme Chiasson, Charlotte Cormier…), de chanteurs (Raymond Breau, Calixte Duguay, Donat Lacroix…) et de comédiens (le TTUM y présente *La nuit des assassins* de José Triana), La Nuit remporte un vif succès qui n'est pas sans interroger Réjean Poirier : « La Nuit de la poésie nous laisse songeur : comment développer et exploiter tous ces talents ? Il nous manque encore les véritables outils pour canaliser le travail de tous ces gens et cela malgré le progrès qui s'est fait depuis environ trois ans et en particulier depuis la création du Centre provincial de la diffusion de la culture[7]. »

Quelques jours plus tard, Gérard LeBlanc, principal organisateur de La Nuit, renchérit : « L'enthousiasme des spectateurs, l'ardeur des participants témoignent assez de notre vouloir vivre collectif et de notre aptitude à prendre la parole. Il est important que cela se poursuive. Ce n'est qu'un début[8]. » Et il annonce la fondation prochaine d'une maison d'édition.

Cette Nuit inspire à Ronald Després, dont on avait souligné l'importance dans *La Revue de l'Université de Moncton* parue en janvier, et qui est l'un des invités d'honneur de La Nuit, un poème que *L'Acayen* publie en juin et qui se termine par ces vers : « Tout à coup / Un pays nu sans frisson / Un pays de prunelles fières / Et de poings tendus / Vers la lumière. / Tu es, mon Acadie / – Et sans douleur, cette fois – / Pays de partance. »

Ronald Després

Né le 7 novembre 1935 à Moncton, Ronald Després étudie au Collège Saint-Joseph de Memramcook (1949-1952), au

Collège l'Assomption de Moncton (1952-1953) et au collège Sainte-Anne de Pointe-de-l'Église (Nouvelle-Écosse), où il obtient son baccalauréat en 1955 avec la mention « grande distinction ». Il travaille durant l'été 1955 à la rédaction de *L'Évangéline*.

Dès l'âge de six ans, il suit des cours de piano et, en 1953, il se classe premier au Festival de musique de Moncton puis donne quelques concerts. Durant l'été 1955, il participe comme pianiste accompagnateur et soliste à une série d'émissions de CBAF, l'antenne régionale de Radio-Canada. À l'occasion d'un concert, *L'Évangéline* le présente comme « un artiste philosophe qui fait chanter l'âme du piano. Il interprète avec compréhension et tendresse les œuvres des grands maîtres, qu'il imprègne d'une fraîcheur nouvelle. Riche en sonorités, son jeu donne l'impression d'une cascade de notes fraîches. L'expression l'emporte sur la technique, la clarté et la finesse sur l'effet dynamique, ce qui démontre un tempérament profondément artistique[9]. »

Du mois d'octobre 1955 à l'été 1956, il suit les cours de licence à la faculté de philosophie de l'Institut catholique de Paris, et des cours de piano avec Marguerite Long, cours qu'il apprécie énormément. En décembre, il a l'idée d'écrire un journal de voyage pour *L'Évangéline*: « Il me vient tout à coup une idée: pourquoi ne pas partager cette aventure avec tous mes amis de l'Acadie? Pourquoi ne pas leur confier mes enchantements, mes déceptions, leur décrire ces monuments, ces muses, ces œuvres d'art, ces imposantes cathédrales qui m'étonnent et me ravissent à la fois[10]? » Il donne le titre d'« Esquisses parisiennes » à cette chronique, mais il n'en écrira que deux ou trois.

Il revient à Moncton déterminé à contribuer au développement intellectuel de l'Acadie: « À vingt ans, frais revenu de Paris et imbibé d'illusions, ma licence de philosophie en poche et ma thèse de doctorat en tête, mon "petit choc" s'est produit. Je me suis fait dire que mes chances d'enseigner la philo étaient nulles, la littérature, presque nulles : l'abbé Bethléem, vous savez. [...] J'étais considéré trop dangereux pour enseigner. Restait *L'Évangéline*[11]. »

Tout en y travaillant comme traducteur, il initie une véritable page littéraire et culturelle – pour laquelle il n'est pas payé –, une première pour *L'Évangéline*. Le 22 septembre 1956, il ouvre cette page par une chronique dont le titre, « Nous avons assez bûché de bois... », donne la couleur : « Nous avons progressé. C'est-à-dire que nous avons plus profondément conscience de notre identité propre, du groupe ethnique que nous formons et de ses possibilités indéfinies de réalisation. Mais la lutte pour la survivance sera assurée le jour où nous aurons un noyau de romanciers et de poètes doués, de penseurs solides, capables d'exprimer nos aspirations comme groupe, de refléter esthétiquement nos tendances, notre mentalité, notre façon de penser, de réagir, de sentir et de voir les choses. Non pas une littérature de terroir qui reste prisonnière des étroites limites qu'elle s'est imposée ; mais une littérature qui saura manier la couleur locale à l'analyse subtile du cœur humain[12]. » En un an, il y publie de nombreux poèmes – dont la plupart seront repris dans son premier recueil – et deux nouvelles ; parallèlement, il écrit quatre radio-théâtres pour Radio-Canada.

Cette page littéraire n'est pas sans susciter des remous au sein de la direction du journal, qui le « met en garde contre l'emploi de certains mots trop durs, de certaines phrases trop franches, de certaines idées trop justes ». Il se sent « ostracisé » puis « chassé » : « Je suis parti.

Comme mes devanciers. Comme mes contemporains intellectualisants[13]. »

En 1957, il devient traducteur des débats à la Chambre des communes d'Ottawa. Il y ressent l'exil : « Les exigences du pain m'ayant exilé dans les provinces centrales, je me butai aux persiennes closes de l'Ontario, aux clochers moribonds de l'esprit québécois. Entre les sarcophages verticaux qui rognaient mon horizon, le soleil ne risquait plus qu'une courbe timide. La grisaille des murs, celle des visages, l'avaient vite aspiré. Même la neige n'avait plus le goût de la mer[14]. »

Il publie son premier recueil de poésie, *Silences à nourrir de sang*, aux Éditions d'Orphée, en 1958, événement que souligne Paul-André Légaré avec enthousiasme dans *L'Évangéline* du 12 février : « Son œuvre apporte les promesses dont le titre était chargé : *Silences* énonce une poésie d'intériorité, le miracle de l'artiste qui se dépouille de lui-même et écoute la grande voix de l'âme[15]. » Poésie lyrique, toute baignée par cette mer qui a bercé son enfance, comme le rappelle Després : « Enfant, j'ai découvert la poésie en étudiant le théorème de la mer et ses corollaires : le dialogue des coquillages, les réseaux de filets et de mâtures en instance d'inconnu, les plages du Nouveau-Brunswick où les ailes déployées des mouettes imposaient à mes premières architectures des cimetières de croix mouvantes[16]. » Poésie sombre, habitée par la mer, et musicale, qui n'est pas sans rappeler Verlaine et Éluard.

En 1962, il publie le roman sotie *Le scalpel ininterrompu* et le recueil *Les cloisons en vertige* – dont plusieurs poèmes ont été publiés en 1961 dans *L'Évangéline* –, qui partagent une même vision pessimiste du monde. Le monde du *Scalpel* est sans issue : l'homme détruira l'homme, et la folie sadique du docteur Jan von Fries

– qui a entrepris de viviséquer l'humanité entière, et qui pour ce faire obtient sa collaboration enthousiaste –, n'a ni limite ni fin. *Les cloisons…* sont celles qui enferment le monde; même la mer, donnée ici comme l'ultime puissance créatrice, ne réussit pas à les fracasser. Le langage y devient «hermétique, négatif et dégoûtant» tout en étant «vaste et houleux, rythmé et changeant[17]». Dans *Le Droit*, Madeleine Leblanc parle du naufrage dans «l'abysse sépulcral des joies défuntes[18]».

La difficulté d'accès des poèmes de ce recueil suscite en Acadie la réaction d'Euclide Daigle – un ancien rédacteur en chef du quotidien – dans la section «Opinion du lecteur» de *L'Évangéline*, le 14 janvier 1963: «C'est un assemblage de mots qui sont accolés les uns aux autres de façon surprenante, groupés en lignes de façon surprenante, dont on ne peut saisir le sens, qui tentent d'exprimer des idées qu'on ne saisit pas. […] Després semble être un original qui fait des efforts pour exprimer un subconscient bouleversé, ou pour épater. C'est bien son droit, mais c'est aussi le mien de ne pas me soumettre à son indigeste bouillabaisse et de prévenir les gens qu'ils perdent leur temps à essayer d'en manger[19].» Opinion que partagera Fra Nihilo dans *La Revue de l'Université Laval*, et pour qui ces poèmes sont de «déconcertants exercices de vocabulaire où je cherche en vain la poésie[20]».

L'opinion de Daigle ne passe pas inaperçue: s'il reçoit l'appui de Mme Georges Richard, qui elle non plus n'entend rien aux poèmes de Després[21], d'autres s'insurgeront contre son jugement: Thérèse Châtillon lui expliquera ce que signifient les titres des deux ouvrages[22], Vincent Joly lui donnera un cours de poésie[23], Roméo Savoie lui précisera le rôle d'un critique littéraire[24], B 89-56 lui proposera un jeu de chiffres pour le faire tourner en bourrique[25],

Jean-Claude Cardinal lui parlera de poésie contemporaine[26] et Le Passant mettra fin au débat en tournant le point de vue de Daigle en dérision[27]. Au milieu du débat, Jean Hubert propose une critique fort judicieuse des *Cloisons* dans la page consacrée aux arts et lettres, qui semble tenir compte de la réaction de Daigle: «[Després] est fin observateur et qui sait comprendre les images que suggèrent ses poèmes aux mots tranchants, comme les larges plaques de peinture aux teintes vives que jette sur la toile l'artiste, perçoit dans son œuvre, non pas une photographie de l'humanité, non pas une reproduction physique, un lavis aux teintes délicates, mais une impression, la brusque découverte d'un monde ignoré comme celui qu'on aperçoit à travers des lunettes mouillés, où les images se marient pour donner une mosaïque dansante de la vie[28].» Avis que partagera la critique dans son ensemble. Comme pour prouver que la poésie de Després n'est pas si complexe, *L'Évangéline* publie, sans commentaire, «Source muette» (poème tiré de *Les cloisons en vertige*) dans son édition du 26 janvier: «Il y a de tout dans ce paysage / La rivière, paisible comme une prière / Le ciel intercalé au revers des feuillages / Et les cris des enfants en bordure du jonc. // Passé l'aurore des yeux / Les mains découvrent des corbeilles de songes / Où elles puisent leurs amours lentes. // Il y a tout dans ce paysage / Tout excepté le bonheur[29].»

Le 2 février, Després intervient dans ce qu'il définit comme étant la «querelle de l'ancien et des modernes», vitupérant Daigle: «Avant de "redouter l'effet de mes livres sur la popularité de la lecture française dans notre milieu" (quel pontife, ma foi!) qu'Euclide Daigle retourne donc sur les bancs de l'école pour y apprendre sa langue. Sa lettre de douze paragraphes est farcie d'incorrections grammaticales qu'un élève de 4ᵉ année sait, depuis longtemps, éviter³⁰. » Et de lui offrir des cours en autant qu'il les paye... Une seconde vague de lettres d'opinion envahira *L'Évangéline* entre le 12 et le 25 février, toutes « contre » Després à une exception près, la plupart revenant sur sa lettre incendiaire.

Si la partie semble perdue en Acadie, les deux livres « litigieux » sont dans l'ensemble bien reçus par la critique québécoise. Ainsi, André Renaud souligne que *Le scalpel...* est « d'une originalité à nulle autre pareille » et « qu'il s'éloigne des thèmes exploités pour la "ième" fois dans la littérature contemporaine³¹ », tandis que pour André F. Vachon, « tout l'intérêt des *Cloisons en vertige* réside dans l'inspiration poétique [qui] est ici comme une eau infiniment profonde : toutes les formes, toutes les combinaisons d'idées et d'images peuvent en sortir³² ».

Després sera profondément marqué par cette querelle. Il aura le sentiment d'être rejeté par son peuple, et dans le « Testament de foi d'un Acadien », qu'il écrit à la suite du visionnement de *L'Acadie, l'Acadie* et que publie *L'Évangéline* le 22 mars 1972, il rappelle qu'« il y a dix ans, j'avais dit non. ON M'AVAIT FAIT DIRE NON [majuscules de Després]. J'estimais que tout était perdu. » S'il continuera à visiter sa famille à Moncton, il rompt avec « l'élite rétrécissante », convaincu que « [s]a cause, et celle de Molière, [en est] réduite à ses derniers retranchements³³ ».

Si sa carrière professionnelle progresse rapidement – en 1962, il est nommé interprète de conférence au Parlement, ce qui l'amène à travailler pour plusieurs organisations mondiales –, il perd le goût de la poésie, impuissant à apprivoiser le béton qui l'entoure. Un long silence suit *Le scalpel ininterrompu* et *Les cloisons en vertige*. Peut-être faut-il rapprocher l'inquiétude qu'exprime Després par son témoignage publié dans *La poésie canadienne-française* du silence dans ces phrases (immédiatement subséquentes au texte cité précédemment): « C'est le druide de l'eau qui me servit de guide à travers les métamorphoses. En compagnie de Baudelaire, de Rimbaud, d'Éluard, de Supervielle, il m'initia à la magie du souvenir. J'appris à transformer le présent en passé, la rivière en fleuve, le lac en océan. Mais je restais en marge de la vie réelle; entre l'abstrait et le concret se creusait une brèche que je ne parvenais pas à combler. Le piège de l'artifice me guettait à chaque pas. » Son texte se rompt et, isolé en plein centre de la ligne suivante, il écrit: « poésie de la démiurgie » puis enchaîne: « Une fois terminé ce noviciat de la mémoire, je pus accéder à une poésie plus riche, plus diversifiée[34]. »

En 1968, *Le balcon des dieux inachevés* semble apporter la réponse: les poèmes sont clairs, à la fois plus simples, plus limpides, plus sobres aussi. Le recueil s'organise en cinq courtes sections dont les quatre premières sont placées sous le signe d'un dieu – Éros l'amour, Iris la messagère, Minotaure la mort, Hébé le renouveau –, la cinquième se composant du poème titre. À l'image de celle de Jean-Louis Major, la critique remarque que ce recueil « se situe toujours à portée du regard ou de la parole. Entre le lecteur et lui, Ronald Després maintient une distance où s'allient la fantaisie et la clarté. Chantre du corps féminin ou des visions fantastiques, son langage déroule les grâces de la gratuité élégante[35]. » Le recueil passe inaperçu en Acadie.

Ce silence poétique avait été rompu par *Aux armes*, une pièce de théâtre commandée par le Ralliement pour l'indépendance nationale (RIN), dont on donne deux représentations à Ottawa, les 1er et 3 décembre 1966. Cette pièce de propagande s'adresse aux étudiants, et raconte la révolte victorieuse des Canadiens-français contre les

Anglais : Després semble faire sienne la « cause » des Québécois.

Le 8 janvier 1972, Ronald Després regarde *L'Acadie, l'Acadie* à la télévision. Il est sidéré : « Mais que diable se passe-t-il donc à Moncton ? Une dizaine d'années me séparent de ces étudiants qui gesticulent. C'est ça, l'accélération de l'histoire. Il suffit d'une demi-génération pour que les questions qu'on se posait, au creux de sa petite angoisse individuelle, soient reprises au diapason collectif. Une demi-génération pour que le cri du cœur prenne forme et couleur. [...] *L'Acadie, l'Acadie*, MAIS CE N'EST PAS UN GLAS, C'EST UNE AUBE POSSIBLE, C'EST UNE PRISE DE CONSCIENCE QUI INCARNE LES PROMESSES D'UN MERVEILLEUX MATIN [majuscules de Després][36]. » Dans cette lettre écrite d'un trait et à chaud, que *L'Évangéline* publie le 22 mars, il rappelle les difficultés et le rejet dont il avait été victime (et que je cite à divers endroits dans ce texte). Cette nouvelle génération qui l'avait honoré dans le numéro de *La Revue de l'Université de Moncton* consacré à la poésie acadienne l'invitait maintenant à participer à la première Nuit de la poésie. Les jeunes se liaient à l'unique pionnier, et le pionnier saura apprécier.

À partir de 1972, Després assume la direction du Service des conférences et, s'il continue d'écrire, ne publiera plus de nouveaux livres.

La contestation culturelle et sociale

La veille de la diffusion de *L'Acadie, l'Acadie* à la télévision, *L'Évangéline* présente un dossier étoffé sur le film : rappel des événements par Réjean Poirier, entrevue de fond avec Pierre Perrault, analyse fouillée de son apport cinématographique tiré d'un article d'Albert Gervoni (un critique français). À la suite de la projection, une foule évaluée entre 150 et 200 personnes s'est regroupée devant l'hôtel de ville de Moncton, y a écouté quelques discours dont celui de Bernard Gauvin, puis a marché jusqu'à la résidence du recteur de l'Université, Adélard Savoie, à Dieppe. Après quelques minutes, la foule s'est dispersée sans avoir pu parler à Savoie. Si les discours reprenaient l'essentiel des revendications étudiantes de 1968, Bernard Gauvin rappelle «que l'ennemi n'était pas seulement l'Anglais mais aussi la situation économique[37]». Claude Bourque revient sur le film et la manifestation dans son éditorial, et répond à la question finale du film: «L'Acadie, est-ce un détail? L'histoire nous le dira. Allons-nous pour autant tout abandonner à cause d'un film? N'est-ce pas à nous de prendre conscience et de prendre contrôle de notre pouvoir économique et politique? Il y a une grande leçon à tirer de cet excellent film: il faut cesser d'avoir peur. C'est la peur qui fera de l'Acadie un détail. Le courage et l'optimisme fera de nous un peuple dynamique. C'est nous qui bâtirons l'Acadie, et personne d'autre[38].»

Ce désir de «bâtir l'Acadie» se heurte à la situation économique difficile du Nord de la province, en particulier celle de la Péninsule acadienne. Le 16 janvier a lieu à Bathurst un important ralliement qui réunit les principaux hommes politiques tant du fédéral que du provincial, qui doivent annoncer, avec force discours, un programme de dix millions de dollars pour venir en aide à la région. Plus de 5 000 personnes manifestent aux cris de «La mer aux pêcheurs, l'usine aux ouvriers[39]!» Les hommes politiques sont chahutés, la foule réclame la syndicaliste et présidente régionale du Canadian Sea Food Workers, Mathilda Blanchard: «À un moment donné Mme Blanchard a été littéralement portée par un groupe de manifestants sur l'estrade où se trouvaient tous les dignitaires. Mme Blanchard a réussi à lancer ses attaques contre certains responsables syndicaux et contre la plupart des politiciens fédéraux et provinciaux entre le discours de M. Hatfield et celui de Marchand[40]. »

Une série de manifestations suivront, dont la marche sur le bureau de l'assurance chômage de Bathurst et son saccage, le 26 février. Un cinéaste de l'Office national du film (ONF) suit pas à pas les manifestants : Léonard Forest.

Léonard Forest

Léonard Forest est né le 17 janvier 1928 à Chelsea, au Massachusetts. Ses parents – des Acadiens originaires de Moncton et de l'Île-du-Prince-Édouard – reviennent se fixer à Moncton en 1929. Il entreprend ses études classiques au Collège Saint-Joseph de Memramcook, où il se passionne pour le cinéma, fondant même avec un camarade un ciné-club, puis se faisant engager durant l'été 1949 comme chroniqueur cinéma pour *L'Évangéline*. Il découvre le travail de l'Office national du film (ONF) en observant Roger Blais tourner *Voix d'Acadie*, un documentaire sur la chorale du collège, qui sortira en 1952. Il abandonne ses études durant l'hiver 1951, alors qu'il en est à sa dernière année au baccalauréat, pour devenir rédacteur de nouvelles au poste de radio anglophone CFCF, à Montréal – emploi obtenu grâce à l'intervention du journaliste Émery LeBlanc. Le visionnement de *Wind Swept Islands* de Jean Palardy (1952), un court métrage de dix minutes consacré aux Îles-de-la-Madeleine dans le style du cinéma du réel alors mis de l'avant par l'ONF, le convainc de devenir cinéaste à l'Office. Sans expérience ni formation cinématographique, il réussit néanmoins à convaincre le directeur de production de l'engager après lui avoir remis un scénario sur la dualité de culture, qui ne sera finalement jamais tourné[41].

Son premier film, *La femme de ménage* (1954), un docudrame de onze minutes d'après un scénario d'Anne Hébert, remporte un Certificat de mérite au Golden Reel Festival organisé par le Film Council of America. Coréalisé avec son aîné Roger Blais, son film suivant, *Les aboiteaux* (1955) est le « premier film à privilégier des Acadiens, si l'on omet les diverses versions d'*Evangeline*[42] ». Ce court métrage de fiction (22 minutes) raconte la lutte des habitants d'un village acadien contre l'affaissement de la digue qui protège leurs champs, alors qu'une tempête fait rage. Tourné avec des comédiens amateurs de Memramcook, ce film obéit aux lois du docudrame – fiction fondée sur une réalité que l'on présente – et est d'une grande beauté formelle, laquelle lui vaut une mention honorable au Palmarès du film canadien (1956).

Léonard Forest mène à l'ONF une carrière qui l'amène à participer à de nombreux films, tantôt comme réalisateur, tantôt comme scénariste, tantôt comme producteur – d'abord à Ottawa puis, à partir de 1956, à Montréal. En 1957, il devient directeur de l'Équipe française, cette équipe française qui, animée par des cinéastes québécois, cherche à devenir autonome de l'anglaise, alors qu'elle se nomme encore « French production[43] ».

Grâce à une bourse du Conseil des arts du Canada, il passe l'année 1961-1962 en France, y étudiant la scénarisation avec Jean Mitry et participant à divers stages, dont un avec René Clair. Peu de temps avant de partir, il avait publié dans la revue *Cité Libre* un court essai, « Réflexions sur le Cinéma et la Vérité », dans lequel il définit son esthétique du cinéma. Il cherche à saisir « les paradoxes » du cinéma-vérité, fondant sa réflexion sur le film de Jean Rouch, *Chronique d'un été*, «principale révélation du Festival de Cannes 1961[44]». Forest constate que Rouch «va toucher les gens dans leur propre espace et leur propre temps[45]», ce qui l'interroge: «Serait-ce donc que tout homme est capable de s'affronter soi-même à condition de sentir sur soi un regard qui ne cesse au moins de le confirmer dans sa réalité[46]?» Dans un film, cet homme est d'abord un protagoniste puis, par ce qu'en garde le cinéaste, devient un personnage: «Nous, spectateurs, saurons la vérité d'un jeu que tel protagoniste a choisi de jouer avec son propre destin, la vérité d'une représentation de soi-même qu'il a acceptée courageusement de donner. Mais nous ne saurons jamais si la vérité du jeu – sa sincérité – correspond à la vérité vraie du personnage[47].» Car «le cinéma, c'est une machine à fabriquer des réalités[48]». Pour en éviter les pièges, il faut éviter «que le personnage soit réduit à ses gestes[49]» et chercher la clé de son comportement dans la conscience. S'il réussit à saisir cet au-delà des gestes, le cinéaste dépassera le présent de son personnage pour en saisir ses rêves «dans le passé qui l'habite et le futur qui l'aspire[50]». Forest fonde son œuvre sur cette approche d'un «cinéma témoin[51]» qui se manifeste par «un corps-à-corps avec autrui[52]».

À Paris, il renoue avec l'écriture poétique, abandonnée à la fin de l'adolescence, mais ne publiera que sporadiquement dans différentes revues, du moins jusqu'en 1973.

De retour à l'ONF, il réalise plusieurs films dont *À la recherche de l'innocence*, un amical regard sur les lieux artistiques de Vancouver (1963) et le très lyrique *Mémoire en fête*, qui souligne le tricentenaire du Petit Séminaire de Québec (1964); le premier obtient une mention au Midwest Festival de Chicago en 1964; le second remporte le prix de la meilleure photographie noir et blanc au Palmarès du film canadien 1965-1966. Il entreprend alors ce qui deviendra une trilogie sur l'Acadie.

Les Acadiens de la Dispersion (1968) cherche à rendre compte de l'âme acadienne. Tourné au Canada, en Louisiane et en France, ce long documentaire se construit autour de la chanson folklorique – Édith Butler y joue un rôle important – et de l'idée qu'« être Acadien, c'est partager un souvenir[53] ». Forest veut y détruire « le mythe de l'Acadie silencieuse[54] ». Si le public acadien s'enthousiasme, la critique est divisée, et un reproche domine les réactions : « [Ce film] rend bien l'image de l'âme acadienne traditionnelle, mais nous laisse sur notre appétit en ce qui a trait aux tendances et aux aspirations de l'Acadien d'aujourd'hui. [...] Car au fond l'Acadie cherche encore de quelle façon elle s'imposera[55]. » À la suite de la projection du 8 août 1968 à Moncton, Raymond LeBlanc publie un long article dans *L'Évangéline* du 12 août qui, plus que tous les autres commentaires, présente clairement les qualités et les limites du film : « Le poème, je crois que c'en est un, quoique boiteux par bouts, est rempli d'une certaine nostalgie du passé, d'un retour aux sources et d'une volonté d'épurement en plus d'un léger regard sur l'avenir. Et c'est là la faiblesse et le mérite de ce documentaire, c'est là la richesse et la pauvreté du peuple acadien. [...] Quand un peuple ne chante que son folklore, ou bien c'est une minorité qui est en voie d'assimilation, une minorité indifférente à son avenir [...] ou bien ce retour aux sources par le truchement du folklore est un signe d'un réveil prochain. [...] C'est pourquoi je considère cette date du 8 août comme un des moments des plus significatifs pour la prise de conscience des véritables problèmes. [...] Le réalisateur du film *Les Acadiens de la Dispersion* n'est pas allé assez loin et n'a pas vu les vrais problèmes. Le visage de l'Acadien qui a choisi non de conserver une mémoire mais de se créer une identité, il nous faudra un autre film pour nous le décrire[56].»

Le film suivant de Forest, *La noce est pas finie* (1971), répond au souhait de LeBlanc. Ce film s'inscrit dans le programme «Société nouvelle» de l'ONF, qui répond à la demande du gouvernement fédéral de démocratiser la culture. Plutôt que de n'accorder la parole qu'à l'élite, comme c'est alors le cas dans la plupart des films de l'ONF, ce programme veut la donner aux défavorisés dans l'espoir de provoquer une amélioration de leur situation. Le film devient un outil d'animation sociale. Forest choisit de réaliser un film de fiction dans lequel des scènes documentaires sont entremêlées. À partir de la fable d'un jeune professeur de biologie, chanteur de surcroît, qui arrive à Lachigan – un composé de Lamèque et de Shippagan –, village maritime imaginaire situé dans la Péninsule acadienne, arrivée qui bouleverse les habitudes et les idées des habitants, Forest propose une lecture stimulante et mobilisante des problèmes de l'Acadie. Les comédiens sont tous des amateurs, et le rôle de Georges est tenu par le chansonnier madelinot Georges Langford (né en 1948), qui avait participé en 1969 au Gala de la chanson de Caraquet.

Dans sa critique, Pierre R. Desrosiers rappelle que «l'intention du film ne se situe certes pas d'une façon immédiate dans une perspective de transformation du milieu dans lequel les participants vivent», mais qu'«il faut examiner la valeur du film […] à partir de sa force d'impact sur le public consommateur». Il souligne qu'avec *La noce est pas finie*, «la population n'est plus l'objet d'un film mais l'élément créateur du film au niveau du film lui-même. C'est-à-dire que Forest ne transcrit pas une réalité sociale dans un langage spécial – le film – mais provoque cette réalité à utiliser elle-même ce langage pour se projeter[57]. »

Le film suscite en Acadie des réactions contradictoires. À la suite des projections, la journaliste Armande Saint-Jean fait parvenir une lettre commentaire au commissaire-adjoint de l'ONF, dans laquelle elle présente les réactions du public: le «peuple» s'y reconnaît et les animateurs des organismes communautaires sont unanimes à affirmer que «le film mènera beaucoup plus loin qu'on pense[58]». Les membres du Conseil d'aménagement du Nord-Est (CRAN) utilisent le film comme outil d'animation tandis que ceux du Conseil d'aménagement du Sud-Est (CRASE), qui s'identifient aux mêmes réalités, «veulent avoir aussi leur "noce"[59]». Les étudiants réclament et obtiennent une projection sur le campus de l'université, à Moncton, et «l'élite reste bouche bée, muette». «Les "possédants" se sentent fort gênés devant la révélation brutale des faits par et aux yeux du public[60]. » Puis, Saint-Jean situe l'importance du film: «Il est important qu'un tel événement survienne en Acadie à ce moment-ci. Ce pays vit présentement une gestation profonde que seuls les historiens des générations futures pourront évaluer. [...] Peut-être le réalisateur lui-même, Léonard Forest, ne mesure-t-il pas encore toutes les dimensions de ce qu'a entraîné la sortie de son film; il risque sans doute de se sentir péniblement isolé au centre d'un tourbillon qu'il a d'abord observé, puis alimenté en faisant ce film; d'autant plus lourdement qu'on réclame ardemment qu'il poursuive la démarche amorcée. C'est là sa responsabilité personnelle, qu'il faut bien distinguer du phénomène lui-même[61]. »

Forest entreprend alors un documentaire qui donnerait aux Acadiens un outil d'animation et permettrait de continuer la démarche entreprise avec *La noce est pas finie*. Depuis *La noce*, Forest suit attentivement ce qui se passe dans la Péninsule acadienne. Il a vent du Ralliement du 16 janvier 1972 et convainc l'ONF de le laisser tourner ce qui se passe : le scénario naîtra de ce qu'il aura filmé. Il arrive à temps pour être témoin « de la marche sur le bureau d'assurance-chômage de Bathurst et des événement violents qui s'ensuivent, le 26 février[62] ».

Les manifestations – dont une animée par les interventions virulentes de Mathilda Blanchard – et les soirées de solidarité, durant lesquelles Calixte Duguay et Marie-Reine Chiasson chantent, formeront le noyau du film. Forest réunit les principaux leaders autour d'une table, animant lui-même la rencontre, où il s'agit de « réfléchir collectivement devant la caméra dans une perspective d'avenir, en dépassant le niveau des griefs pour accéder au plan des responsabilités[63] ». Il privilégie « les éléments contestataires du milieu en enregistrant le mécontentement des individus ou groupes qui y militent déjà », choisissant « délibérément les éléments de choc d'une situation [afin] d'amener le public à une discussion et à une réflexion sur la situation sociale des Acadiens[64] ». Le film reçoit son titre d'une métaphore de Calixte Duguay qui, cherchant à définir l'Acadie, dit que, pour lui, elle est « un soleil pas comme ailleurs ». Rythmé par les chansons de Duguay, interprétées par lui-même et par Marie-Reine Chiasson, *Un soleil pas comme ailleurs* retrace les événements en posant clairement les enjeux sociaux.

Pour en accroître la portée sociale, l'ONF organise 80 projections du film dans toutes les régions acadiennes du Nouveau-Brunswick, entre le 6 novembre et le 15 décembre 1972[65]. Chaque projection est suivie d'une discussion animée par l'un ou l'autre des quatre animateurs choisis en consultation avec les organismes communautaires. Les réactions sont partagées : les jeunes apprécient, l'élite est plus réservée. Ainsi, si les étudiants de l'université sont favorables et enthousiastes, les membres du Club Richelieu de Moncton – le film est projeté à la suite de leur souper régulier – reprochent à Forest « d'avoir centré son film sur certaines personnes du CRAN, sur Mathilda Blanchard et quelques autres qui ne cessent de chialer ou de faire du trouble[66] ».

Le film est également diffusé à la télévision, à CHAU-TV (qui couvre le nord de la province) le 12 décembre, à CBAFT (pour le sud) le 19 décembre. Dans les deux cas, le film est suivi d'une table ronde à laquelle participe Forest, et d'une ligne ouverte. Les cotes d'écoute sont élevées, les appels nombreux, les échanges corsés. Même les Gaspésiens téléphonent pour souligner qu'ils envient la combativité des gens du Nord-Est[67]. Jamais un film n'a eu autant d'impact sur les Acadiens. Surpris par l'intensité des réactions, Forest doit rappeler qu'*Un soleil pas comme ailleurs* est né des événements : « Ce n'est qu'en visionnant ces éléments [tournés] à l'ONF que nous avons cru utile d'en réaliser une petite synthèse et de la montrer aux gens du Nord-Est pour qu'ils amorcent une réflexion sur ces sujets-là. […] Ici, je souligne un fait : j'ai découvert dans ce tournage une unanimité étonnante entre des gens qui ne s'étaient pas concertés. Ceci doit représenter quelque chose. Mais il reste que le film ne propose aucune des choses qui se sont dites. […] C'est un instrument d'animation sociale grâce auquel on vient de créer à l'échelle d'une province un carrefour unique de réflexion collective, par le film et par l'électronique[68]. »

À la recherche d'une nouvelle Acadie

L'année 1972 se termine alors que l'Acadie est en ébullition sociale et culturelle. Durant l'année, *L'Évangéline* aura publié trois textes de fond sur la situation actuelle des Acadiens et de l'Acadie : « Le manifeste du Parti Acadien », une analyse critique du directeur de l'information au quotidien, Patrick Francès, les 24 mai et 2 juin ; « L'Acadien à la recherche d'une Acadie » de Pierre Poulin, le 15 août, – repiquage d'un long texte paru en mai dans la revue *Relations* – ; et « L'Acadien de 1972 » de Denis Cormier, les 20, 21 et 22 novembre.

Pour Pierre Poulin, professeur de sociologie au Collège de Bathurst, « l'Acadie du Nouveau-Brunswick est à l'heure des options définitives : la prochaine décennie pourra lui redonner un coin de pays bien à lui, ou l'étrangler à tout jamais. Elle aborde cette période cruciale de son histoire au moment où ses institutions sont en profonde mutation et où de nouvelles sources de leadership apparaissent. Est-ce un hasard ou le sceau révélateur des grands moments de l'histoire d'un peuple[69] ? » Et, en conclusion, il affirme que le choix réside « entre la vie ou la mort[70] ». Opinion que partage Francès, qui place néanmoins l'enjeu sur les plans économique et ethnique : « Le pouvoir économique ayant été jusqu'ici dans les mains des Anglais, c'est donc eux qui dictaient et dictent le changement. D'où le dilemme : s'adapter et s'angliciser ou résister et s'appauvrir[71]. »

Mais l'enjeu tient également dans la résistance des Acadiens à l'assimilation. D'un recensement à l'autre, le poids démographique des Acadiens diminue malgré leur taux de natalité plus élevé que celui des anglophones. Poulin ne donne guère d'espoir, divisant l'Acadie en deux parties. La première semble pouvoir demeurer francophone : « En traçant une ligne droite de Néguac, à l'est, jusqu'à Grand-Sault, à l'ouest, on découvre au nord de cette ligne un territoire à très forte majorité française, dont les cités devraient se franciser de plus en plus à mesure que l'urbanisation s'accentuera[72]. » Il n'en va pas de même pour la seconde partie : « Au sud, il n'y a aucun espoir. [...] Moncton, dont 37 % de la population est francophone, est située dans le comté de Westmorland, qui ne compte que 41 % de francophones, et à l'est du comté d'Albert, où il n'y a que 3 % de francophones. Il y a bien le comté de Kent, au nord, qui compte 82 % de francophones, mais ce comté est vidé depuis longtemps par l'émigration, de sorte qu'il ne compte aujourd'hui qu'un peu plus de 20 000 habitants[73]. » Cette situation pose tout le problème de Moncton, « siège des principales institutions francophones mais [qui] n'est pas et ne pourra jamais être une authentique capitale francophone du Nouveau-Brunswick[74] ». Avis sous-jacent au manifeste du Parti Acadien, qui semble favoriser l'annexion des comtés du nord au Québec et, par le fait même, l'abandon de ceux du sud. Mais cette idée d'annexion est dénoncée par le président du Parti Québécois, René Lévesque, dans sa chronique du 31 mai au *Journal de Montréal* (reprise par *L'Évangéline* le 9 juin) : « Chacun son territoire et vive, éventuellement, "l'annexion humaine" d'autant d'immigrants acadiens que le Québec indépendant saura en attirer[75]. » Lévesque ira plus loin lors d'une conférence devant les étudiants de l'Université du Nouveau-Brunswick à Fredericton, le 27 novembre, déclarant « que les minorités francophones à l'extérieur du Québec sont une cause perdue », et que « les jeunes acadiens pourraient devenir nos immigrants privilégiés ». Ce à quoi réagira fortement le rédacteur en chef de *L'Évangéline*, Claude Bourque, dans son éditorial le jour même : « Les Acadiens ont élu domicile deux fois au Nouveau-Brunswick. Nous avons bel et bien l'intention d'y rester, de grandir et de nous épanouir. Il y a des peintres, des poètes, des auteurs, des dramaturges, des comédiens, des professionnels, des hommes d'affaires, tous les éléments d'une société moderne. Pour les Acadiens, l'avenir ne peut être que brillant[76]. »

Poulin fait valoir le changement dans l'attitude des jeunes acadiens: «Cette jeunesse nombreuse, pluraliste, plus politisée, plus instruite, assure un nouveau leadership depuis quelques années. Au duo religion-langue, elle a substitué les préoccupations socioéconomiques et culturelles. Cette jeunesse a sorti l'Acadien de son attentisme, de ses revendications en coulisse: elle a pris la tête d'un mouvement beaucoup plus agressif dans ses revendications. La stratégie a changé... du jeu de coulisse, on est passé à la descente dans la rue. Ces jeunes qui, en 1968, étaient pratiquement seuls à dénoncer le sort réservé aux francophones de la cité de Moncton et étaient, très souvent, désavoués par leurs aînés, sont maintenant rejoints par une population adulte de plus en plus nombreuse et organisée. Le même mouvement pousse les jeunes du Nord-Est à dénoncer de plus en plus vigoureusement les injustices socioéconomiques si ancrées dans leur milieu. En somme, le leadership de la jeunesse a radicalisé la lutte pour la vie du groupe francophone de la province[77]. »

Et Poulin d'ajouter que cette jeunesse n'est pas la seule à s'affirmer: d'autres «chefs émergent à l'heure actuelle des masses populaires, de ces ruraux pauvres et, jusqu'ici, sans voix[78] ». De plus, «à ces deux nouvelles formes de leadership, il faut ajouter celui d'un groupe d'intellectuels, professeurs pour la plupart, regroupés autour de l'université, des collèges et des écoles. Ces intellectuels de plus en plus actifs et politisés, peuvent donner aux deux autres courants, ceux de la jeunesse et des masses populaires, plus d'enracinement et d'assurance[79]. »

Jeunes, animateurs sociaux et intellectuels s'inspirent des mouvements marxisants qui se sont développés dans la foulée de mai 1968. À cet égard, la démarche de Raymond LeBlanc est exemplaire.

Raymond LeBlanc

Né le 24 janvier 1945 à Saint-Anselme (maintenant Dieppe), Raymond LeBlanc fait ses études élémentaires à Moncton puis ses études classiques aux collèges Dominique Savio, à Saint-Louis-de-Kent (1958-1962) et de l'Assomption, à Moncton (1962-1964), et termine son baccalauréat à l'Université de Moncton (1964-1966). Toujours à la même université, il obtient sa maîtrise en philosophie (1966-1968) puis passe l'année 1968-1969 à l'Université d'Aix-en-Provence à étudier la philosophie, grâce à une bourse France-Acadie.

Pianiste et chanteur, il est membre des groupes *L'Ensemble des 4* puis de *Moosehead Jazz* dans les années 1960, et participe au Gala de la chanson de Caraquet en 1969. En 1969-1970, il enseigne la philosophie au Cégep de Rivière-du-Loup (au Québec), puis revient en Acadie où il sera accompagnateur de différents groupes, dont *Les Fugues*. Il publie ses premiers poèmes dans le journal étudiant de l'Université de Moncton, puis dans *L'Évangéline*.

Après avoir été recherchiste à la pige en 1971 pour la télévision de Radio-Canada Moncton, il devient coordonnateur en 1972 de la Maison du chômeur de Moncton, organisme communautaire financé par un projet d'initiatives locales et fortement orienté à gauche tout en étant parrainé par la Jeunesse ouvrière catholique et en ayant ses locaux dans le sous-sol du presbytère de Parkton. La même année, il termine la rédaction de sa thèse de maîtrise, qu'il soutiendra en 1973. Cette thèse traite de « La question nationale chez Karl Marx » et cherche à lier la démarche marxiste avec la montée du nationalisme acadien. Si la thèse en elle-même se limite à montrer de quelle façon Marx traite de la question nationale dans ses œuvres, la conclusion cherche à lier la vision de Marx à ce qui pourrait se passer en Acadie : « Peut-il y avoir une libération nationale acadienne ? Quel est le sens du nationalisme acadien ? Quelles classes utilisent l'idéologie nationale et pour quels intérêts ? Sur quoi repose le sentiment d'appartenance manifeste dans le nationalisme populaire ? Où va déboucher la recherche d'identité acadienne[80] ? »

LeBlanc se demande quels sont les alliés du nationalisme acadien : « Le pouvoir politique du prolétariat canadien peut-il assurer l'existence, la survie et la vie du peuple canadien-français ? Du peuple acadien ? Si plusieurs peuples peuvent former une nation, le Québec a-t-il une place pour le peuple acadien ? Le Canada ? L'Acadie révolutionnaire, ça signifie quoi au juste ? En d'autres mots, n'y aurait-il pas lieu d'évaluer les questions nationales de notre propre milieu, d'étudier le développement des formes de la propriété privée en Amérique, au Canada, en Acadie, voir, sous l'idéologie nationaliste anglaise, québécoise et acadienne, où va conduire la recherche du capital, l'exploitation de la classe ouvrière (camouflée par la propagande télévisée et la duperie gouvernementale) afin de mieux cerner la réalité historique d'un peuple et les classes non dominantes, situer plus clairement le rôle politique du prolétariat canadien, anglais et français, acadien et québécois ? Si notre étude sert à quelque fin que ce soit, nous voudrions que ce soit à celle-là. Autrement, pourquoi la poursuite de questions philosophiques si les interrogations qui nous tracassent ne nous ramènent pas aux problèmes pratiques de la libération réelle des individus et des peuples opprimés[81] ? »

Au début des années 1970 et jusqu'en 1974, LeBlanc publie des poèmes sous son nom mais aussi sous le pseudonyme de Guy Letendre. Si toute sa poésie a une portée militante, celle de « Letendre » est nettement plus « solidaire des ouvriers et des humbles » – comme en fait état la courte biographie de Letendre parue dans la revue *Écrits du Canada français* en 1974 (p. 76) –, alors que celle de LeBlanc est présentée dans cette même revue comme un « cri d'alarme et de révolte en même temps qu'une immense tendresse portée à l'homme acadien » (p. 58). Mais les différences entre les deux demeurent minces si ce n'est que le poème « Kouchibouguac », signé Letendre, est une réaction viscérale à l'expropriation des terres des habitants du futur parc fédéral que l'on créera à cet endroit, et un appui à la lutte menée par Jackie Vautour, qui refuse d'abandonner sa terre : « Il a été décidé qu'un touriste / Avait le sens du soleil / Et les capitalistes / Le goût du hareng fumé / Il a été décidé par un fonctionnaire / Par des machines / Il a été décidé qu'un Acadien sa femme ses enfants / Sa maison / Obstruaient le paysage[82]. »

Le chant de LeBlanc se veut plus large, plus nationaliste que marxiste et, dans « Petitcodiac », pure révolte qui s'affirme dans une tentative de recréer le langage : « Vagueroche / Je cristalise / Le créatif mot pur / Pour rupturifier le / Langage prisonbarin / Pour codifier la peauneuve / Déballée à l'œil persiflant / Le mondimaginatif du moustemps / Futurimesse[83]. » Et, à l'opposé, révolte qui se manifeste par l'utilisation du chiac, une première en littérature acadienne, dans « *Je* suis acadien » : « Je jure en anglais / Tous mes goddam de bâtard / Et souvent les fuck it / Me remontent à la gorge / Avec des Jesus-Christ / Projetés contre le windshield[84]. » La chute du poème trace le portrait de ce qu'il est en même temps qu'elle laisse place à l'espoir : « Je suis acadien / Ce qui signifie / Multiplié, fourré / Dispersé, acheté / Aliéné, vendu / Révolté. / Homme déchiré vers l'avenir[85]. » Ce poème clora le recueil *Cri de terre*, traçant la voie à suivre tant au niveau thématique qu'au plan formel.

Dans leur analyse des poèmes de LeBlanc parus dans *La Revue de l'Université de Moncton* de janvier 1972, laquelle clôt ce numéro – ce choix est en lui-même porteur de sens –, les trois auteurs concluent en soulignant le caractère mobilisateur de la poésie de LeBlanc : « Si [sa] poésie offre un curieux mélange de tendances, de formes et de genres, elle n'en a pas moins des implications sociales, morales et politiques immédiates. Elle tend à rendre compte de la difficulté pour l'homme d'ici de se situer par rapport à lui-même et par rapport au pays ainsi que de l'action à entreprendre. Poésie résolument engagée, attelée à une tâche de récupération et de reconstruction des valeurs, elle dénonce tout à la fois le règne de la peur, l'exploitation de l'homme par l'homme, l'aliénation linguistique, religieuse, sociale et politique ; elle projette la création d'un pays où nature, amour et fraternité auraient leur place, où l'Acadie prendrait enfin racine[86]. »

Placé sur la dernière page de ce même numéro de *La Revue*, un dessin d'Herménégilde Chiasson propose différentes versions du drapeau acadien, qui expriment d'une façon satirique les choix territoriaux des Acadiens : statu quo, indépendance, république socialiste, intégration aux États-Unis, intégration au Québec, fusion des provinces maritimes.

Un *Cri de terre* en Acadie

Illustré par Herménégilde Chiasson, tiré à 1 000 exemplaires vendus à deux dollars chacun, le premier ouvrage littéraire des Éditions d'Acadie, *Cri de terre* de Raymond LeBlanc, est mis en vente le 30 janvier 1973. Ce même soir, le recueil est « lancé d'une manière brillante et bruyante » au Cube des arts de l'Université de Moncton, rapporte *L'Évangéline* du 31, en ajoutant que « l'auteur a dédicacé plus de cent livres ».

Dans le publi-reportage qui souligne cette parution, on écrit: « Avec *Cri de terre*, Raymond LeBlanc témoigne de la renaissance culturelle d'une Acadie qui "fourmille en secret" et refuse de se laisser mourir ». Pierre L'Hérault renchérit dans sa « critique » du texte, que publie *L'Évangéline*: « Pour son premier lancement, la nouvelle maison d'édition ne pouvait mieux choisir. Car Raymond LeBlanc donne une voix à cette conscience inquiète et exaltée en face du défi: rassembler un pays de sa "dispersion". Engagé dans tous les mouvements susceptibles de rendre à l'Acadie son vrai visage, il l'est aussi dans sa poésie qui retrace l'itinéraire d'un homme à la recherche de soi et de son pays (les deux étaient inséparables)[87]. »

La plupart des poèmes du recueil avaient déjà été publiés soit dans le numéro spécial de *Liberté* consacré à l'Acadie en 1969, soit dans *La Revue de l'Université de Moncton* en 1972, et analysés à ce moment-là. Dès lors, les commentaires en Acadie tendront à mettre de l'avant le caractère pionnier de la démarche de LeBlanc. Dans un article paru dans *La Presse* (17 mars 1973) puis repris par *L'Évangéline*, Jean-Guy Rens (avec qui LeBlanc publiera *Acadie/Expérience* chez Parti Pris en 1977) va même jusqu'à affirmer que « c'est par Raymond LeBlanc que commence la littérature en Acadie. Sans vouloir retirer le moindre crédit aux recherches de ses aînés, Léonard Forest, Ronald Després, ou à la merveilleuse explosion verbale d'Antonine Maillet, il faut souligner que Raymond LeBlanc est le premier écrivain qui soit resté en Acadie : sa situation adopte une dimension inattendue, qui est celle de l'enracinement. Refusant l'avenir qu'aurait pu lui réserver le Québec, voire la France où il a complété ses études, il a décidé de rester à Moncton. Un choix pas ordinaire. Son travail humble au début, souterrain, presque invisible, entrepris dans les conditions abominables d'un peuple en état de siège menacé dans sa langue et son activité économique, l'être décomposé, cet effort a réussi une première percée avec le numéro spécial de *Liberté* en octobre 1969 puis l'anthologie poétique de l'Hexagone en 1970. Aujourd'hui *Cri de terre* surgit comme le signe tangible du rapatriement d'une poésie et quand d'autres textes nous viendront d'Acadie, nous saurons qui les a rendus possibles[88]. » Le même discours est au centre d'un article non signé de la *Presse canadienne*, publié dans *L'Évangéline* du 15 mars mais non repris par la presse québécoise.

La portée symbolique du recueil dépasse son apport littéraire. Au Québec, Gilles Marcotte écrit que LeBlanc est un « poète un peu brouillon, mais qui dans quelques poèmes de son *Cri de terre* – les plus concrets, les plus proches du langage quotidien – atteint à une certaine puissance d'évocation[89] », tandis que pour Jocelyn-Robert Duclos, LeBlanc est « un jeune poète à suivre et à encourager, malgré les lacunes de ce premier recueil[90] ». Alain Masson est celui qui « ressent » le plus profondément l'apport de LeBlanc, concluant ainsi son analyse : « Proclamons-le : au sens le plus précis du mot, Raymond LeBlanc est un agitateur[91]. »

Pierre-André Arcand a écrit que LeBlanc « est certainement le plus Québécois des poètes Acadiens » parce que sa poésie « prend forme dans sa lutte pour et contre l'Histoire[92] ». Elle s'inscrit ainsi dans la lignée des poètes québécois du pays[93] et, tout comme eux, LeBlanc se heurte à la langue. *Cri de terre* se compose de quatre mouvements : « Silences » raconte la confrontation du poète avec le monde à partir du « lieu du poème », lieu qui lui ouvre la vie : « Et nos yeux sont remplis de paysages vivants / Tristement dessus des hommes morts ». Les poèmes sont amples, le vers hésite entre douceur et amertume, tantôt ample, tantôt saccadé, la mer rythme le paysage, l'ailleurs hante le poète qui se sent solidaire de la souffrance des autres. « Gestes », une suite de sept poèmes qui rappellent le haïku, offre une respiration. « Fontaines » chante l'amour heureux, l'amour refuge : le monde extérieur s'efface alors que le poète se laisse emporter par son bonheur. À l'inverse, « Paroles » exprime la difficulté identitaire. LeBlanc cherche à définir cette Acadie qui lui apparaît comme « une chimère sans frontières » alors que les « gens de [s]on pays [sont] sans identité et sans vie ». Cette difficulté entraînera l'éclatement de la langue dans « Petitcodiac », cette rivière qui se vide puis se remplit au rythme de la marée, brassant son lit de glaise qui colore d'un brun profond ses eaux. De la même façon que cette eau est opaque, le destin du poète s'embrume. Alors que la langue se fracasse – métaphore de l'anglicisation de son peuple –, il ne voit d'autre choix que de se « québéciser » s'il ne veut pas mourir à ce qu'il souhaiterait être. Mais en affirmant ce choix du Québec, il prend conscience qu'il se nie. Le dernier poème, «Je suis Acadien» vient affirmer son acadianité. Le chiac, cet argot spécifique au Sud-Est du Nouveau-Brunswick, devient le véhicule de sa difficulté d'être.

Pour la première fois, le tragique du présent des Acadiens est au cœur d'une œuvre littéraire. En rupture avec la retenue de Ronald Després, l'appel au passé d'Antonine Maillet et leur choix de l'ailleurs, LeBlanc inscrit son écriture dans Moncton, cette ville toujours incertaine quant au devenir des Acadiens. *Cri de terre* deviendra le recueil de référence de la nouvelle littérature acadienne et atteindra dans cette édition les 3 500 exemplaires vendus.

À la recherche d'une nouvelle Acadie, suite et fin

En cette fin de 1972, les Acadiens ne savent pas quelle direction collective choisir, mais il semble que la rupture avec le statu quo soit consommée pour ce que Pierre Poulin appelle les «trois nouvelles sources de leadership[94]», qui regroupent des jeunes scolarisés, des militants des milieux populaires et des intellectuels. Denis Cormier reprend cette idée : «En rompant avec la tradition, l'Acadien s'engage sur un terrain inexploré. Nous ne savons rien de ce que peut être le comportement d'un Acadien qui serait indépendant du système actuel[95].»

Et Poulin d'ajouter qu'«il devrait en résulter un glissement vers la gauche et des changements profonds dans les domaines de l'activité sociale, culturelle, économique et politique[96]». Cette idée de glissement se colore d'une touche de marxisme dans le manifeste du Parti Acadien, comme le souligne Patrick Francès: «Ceci dit, l'Acadie n'est pas la Chine et le manifeste du Parti Acadien n'est pas le petit livre rouge des tenants du *frog power*. On y respire cependant un subtil parfum chinois, notamment dans le projet de développement rural exposé en cœur du manifeste[97]. » Cormier est plus radical : « L'Acadien révolutionnaire doit savoir identifier ses adversaires (prêtres, policiers, capitalistes), ceux qui préconisent les réformes dans la respectabilité : tous les individus autoritaires et dogmatiques qui l'assaillent de leurs conseils et de leurs mises en garde. Il doit savoir identifier ses amis, découvrir en eux ses semblables. C'est avec eux qu'il peut apprendre la coopération, la sympathie, l'amour[98]. » Et partant, continue Cormier, « le premier exercice d'un Acadien libre est d'inventer la forme de sa révolte individuelle, celle qui exprimera le mieux sa propre indépendance et son originalité[99] ».

Le Parti Acadien semble cristalliser l'espoir d'une bonne partie de ces nouveaux leaders en offrant une voie nouvelle : « On se souvient que le Parti Acadien affirmait vouloir travailler à l'intérieur du "système établi". Il ressort plutôt, de la lecture du manifeste, qu'il entend travailler en marge. Il ne propose pas une contre-société, mais une société parallèle. Estimant que les Acadiens ont assez ramé dans la galère qui orne les armoiries du Nouveau-Brunswick, le manifeste leur propose de ramer pour leur compte, dans leur propre bateau. […] Ainsi, il ne s'agit pas de prendre le pouvoir politique, mais de reprendre possession de soi-même, économiquement et culturellement. Cesser d'être exploité, cesser "d'être organisé" en s'organisant. S'exprimer, s'instruire, s'informer et travailler dans sa propre langue[100]. »

Il se dégage du manifeste du Parti Acadien une vision utopique mais mobilisatrice de cette Acadie à créer. Le manifeste « laisse entrevoir le paradis, un paradis où les Acadiens s'épanouiraient dans un jardin coopératif ; mais il s'attache surtout à la description du purgatoire actuel. À quand la terre promise ? Vers l'an 2000, semble répondre le manifeste[101]. » Les deux premiers romans de Claude Le Bouthillier, *L'Acadien reprend son pays* (1977) et *Isabelle-sur-mer* (1979), se fonderont sur cette utopie d'un jardin coopératif, tandis que les poètes qui s'apprêtent à publier feront de la nomination des lieux le cœur de leur démarche poétique.

Mais l'Acadie ne possède pas encore de média qui la desserve d'un bout à l'autre, ce qui nuit à la circulation des idées et au développement d'un esprit de corps. Si *L'Évangéline* semble s'ouvrir aux nouvelles idées, si son tirage augmente, il « n'atteint encore qu'une faible partie de la population acadienne et n'a presque pas de lecteurs dans le Nord-Ouest [;] il en est de même pour Radio-Canada Moncton. Ses émissions, tant de radio que de télévision, produites à Moncton, n'atteignent pas les régions du nord[102] », qui sont desservies par CHAU-TV, un mélange d'émissions de Radio-Canada Montréal et du poste privé Télé-Métropole.

Durant les années 1970, l'Université sera à la source des transformations, tant par la formation offerte que par les actions des étudiants et des professeurs, ce qui contribuera à faire de Moncton l'épicentre de la vitalité culturelle acadienne. Aux départements de musique et de théâtre s'ajoutent en 1972 celui des arts visuels ainsi qu'un tout premier cours en littérature canadienne, que donnera Marguerite Maillet. On inaugurera en février l'ouverture du poste de radio universitaire CKUM, en circuit fermé il est vrai, dont Guy Thériault, directeur des installations de Radio-Canada à Moncton, souhaite qu'il devienne un laboratoire. Pour lui, une radio étudiante est « une radio expérimentale, une radio d'avant-garde » ; par conséquent, « il faut qu'elle s'engage avec audace, et qu'elle s'aventure dans des voies inexplorées[103] ». Du 20 au 22 octobre 1972, une centaine de professeurs et d'enseignants participent à un colloque sur l'enseignement du français dans la province, qui se tient à l'École normale de l'Université, et dont le comité organisateur est présidé par le professeur de littérature Melvin Gallant[104]. Si le colloque a reçu l'appui du Conseil des arts du Canada, le ministère de l'Éducation de la province a refusé de lui accorder son aide, signe révélateur de la difficulté d'un ministère toujours dominé par les anglophones à comprendre la réalité acadienne. La réflexion s'articule autour de quatre exposés qui cherchent à faire le point sur la situation actuelle de l'enseignement du français, l'utilisation des parlers régionaux, et la place et le rôle de la littérature – réflexion d'autant plus nécessaire que le système d'enseignement secondaire se transforme profondément avec l'apparition des polyvalentes. Conscients de l'importance de ce colloque, Melvin Gallant propose à ses collègues et cofondateurs des Éditions d'Acadie, d'en publier les actes au nom de la maison, mais de retenir l'annonce de sa fondation jusqu'au lancement de *Cri de terre*. Cette brochure comprend les exposés des conférenciers et les recommandations adoptées par l'assemblée plénière[105].

Contrairement aux tensions dramatiques des années 1968-1969, tout ce mouvement de changement se vivra dans la joie et l'espérance. Comme le souligne Denis Cormier, « une lutte qui n'est pas joyeuse est une duperie. La joie de la lutte n'a pas pour origine l'hédonisme, ni l'hilarité. Elle provient du regain de vitalité que donnent à une énergie étiolée la résolution, l'affirmation de soi, et le sentiment de dignité qui en découle[106]. »

Si la chanson sera le portefaix de cette joie, la littérature en sera la conscience et les arts visuels, l'avant-garde.

Notes

1. Prémices

1 « La Faculté des Arts de l'Université de Moncton fête également son dixième anniversaire », *L'Évangéline*, 26 octobre 1973, p. 8.
2 « Les Éditions d'Acadie sont nées », *L'Évangéline*, 24 janvier 1973, p. 2.
3 « Nouvel engagement culturel », *L'Évangéline*, 8 février 1973, p. 12.
4 Camille Richard, « La récupération d'un passé ambigu », *Liberté*, vol. 11, n° 5, août/septembre/octobre 1969, p. 40.
5 *Ibid.*, p. 41-42.
6 *Ibid.*, p. 45.
7 Michel Roy, « Survol historique de l'Acadie », *Liberté*, vol. 11, n° 5, août/septembre/octobre 1969, p. 26.
8 Dorval Brunelle, « Interview avec Michel Blanchard », *Liberté*, vol. 11, n° 5, août/septembre/octobre 1969, p. 60.
9 *Ibid.*, p. 62.
10 Roger Savoie, « La répression en Acadie », *Liberté*, vol. 11, n° 5, août/septembre/octobre 1969, p. 55.
11 Pierre Villon, « L'art en Acadie », *Liberté*, vol. 11, n° 5, août/septembre/octobre 1969, p. 70.
12 *Ibid.*, p. 72.
13 *Ibid.*, p. 75.
14 Léonard Forest, *Liberté*, vol. 11, n° 5, août/septembre/octobre 1969, p. 136.
15 Jean-Paul Hautecœur, *L'Acadie du discours. Pour une sociologie de la culture acadienne*, essai, Québec, PUL, 1975, p. 281.
16 Roger Savoie, « Chanson cosmique », *Liberté*, vol. 11, n° 5, août/septembre/octobre 1969, p. 118.
17 Raymond LeBlanc, « Poème pour révolutionnaires », *Liberté*, vol. 11, n° 5, août/septembre/octobre 1969, p. 105.
18 Raymond LeBlanc, « Manifeste politique », *L'Embryon*, 1970.

19   *Ibid.*
20   *Ibid.*
21   Procès-verbal de l'assemblée générale de la S.N.A., cité par Jean-Paul Hautecœur, *L'Acadie du discours*, Presses de l'Université Laval, 1975, p. 303.
22   Euclide Chiasson, André Dumont, Jacques Fortin, Arthur William Landry, Donald Poirier, Armand Roy et Lorio Roy, *Le Parti Acadien*, essai, Petit-Rocher, 1972, p. 19.
23   *Ibid.*, p. 111.
24   *Ibid.*, p. 144.
25   *Ibid.*, p. 145.
26   Gilbert Finn, *Fais quelque chose*, Moncton, à compte d'auteur, 2000, p. 70.
27   Jacques Paul Couturier, en collaboration avec Wendy Johnston et Réjean Ouellette, *Un passé composé. Le Canada de 1850 à nos jours*, essai, Moncton, Éditions d'Acadie, en collaboration avec le Regroupement des universités de la francophonie hors Québec, 2ᵉ édition, 2000, p. 330.
28   Cité par Robert Pichette, dans *L'Acadie par bonheur retrouvée, De Gaulle et l'Acadie*, essai, Moncton, Éditions d'Acadie, 1994, p. 159.
29   Michel Cormier et Achille Michaud, *Richard Hatfield : un dernier train pour Hartland*, biographie, Montréal, Libre Expression / Moncton, Éditions d'Acadie, 1991, p. 65.
30   *Ibid.*, p. 66-67.
31   Pierre-André Arcand, « Présentation », *La Revue de l'Université de Moncton*, n° 1, 5ᵉ année, janvier 1972, p. 2.
32   *Ibid.*, p. 3.
33   *Ibid.*, p. 4.
34   Gérard LeBlanc et Pierre Roy, « Bilan des 20 dernières années », *La Revue de l'Université de Moncton*, n° 1, 5ᵉ année, janvier 1972, p. 6.
35   *Ibid.*
36   Masson fait référence à la pensée marxisante de LeBlanc.
37   Alain Masson, « Sur la production poétique au Nouveau-Brunswick », *La Revue de l'Université de Moncton*, n° 1, 5ᵉ année, janvier 1972, p. 68.
38   *Ibid.*, p. 70.
39   *Ibid.*, p. 75.
40   *Ibid.*, p. 70.
41   Jean-Guy Pilon, « Introduction. Acadie 69 », *Liberté*, vol. 11, n° 5, août / septembre / octobre 1969, p. 9.

2. Le phénomène *La Sagouine*

1   Paul-André Bourque, « Entrevue avec Antonine Maillet », *Nord*, nᵒˢ 4-5, automne 1972-hiver 1973, p. 114-115.
2   Martine L. Jacquot, « "Je suis la charnière" : Entretien avec Antonine Maillet », *Studies in Canadian Literature*, vol. 15, n° 2, 1988, p. 258.
3   « *La Sagouine* au Moncton High », *L'Évangéline*, 13 septembre 1972, p. 10.
4   « Vive *La Sagouine* », *L'Évangéline*, 14 septembre 1972, p. 1.

5   Martial Dassylva, « Évangéline est morte ; vive la Sagouine ! », *La Presse*, 14 octobre 1972, p. C-4.
6   « *La Sagouine* ne peut pas se taire », *Théâtre*, Centre national des arts (CNA), décembre 1974,
7   « *La Sagouine* triomphe à Paris », *L'Évangéline*, 21 novembre 1972, p. 10.
8   Michel Cormier et Achille Michaud, *Richard Hatfield : un dernier train pour Hartland*, biographie, Montréal, Libre Expression / Moncton, Éditions d'Acadie, 1991, p. 69.
9   Alice Parizeau, « Née à Bouctouche », *Maclean's*, vol. 14, n° 5, mai 1974, p. 38.
10 Michel Belair, « *La Sagouine* au Rideau-Vert : un moment privilégié », *Le Devoir*, 10 mars 1973, p. 23.
11 Pierre-André Arcand, « *La Sagouine* de Moncton à Montréal », *Études françaises*, vol. 10, n° 2, mai 1974, p. 199.
12 Denis Saint-Jacques, « *La Sagouine* d'Antonine Maillet », *Voix et images du pays*, n° 8, printemps 1974, p. 196.
13 Ben Z. Shek, « Thèmes et structures de la contestation dans *La Sagouine* d'Antonine Maillet », *Voix et images*, vol. 1, n° 2, décembre 1975, p. 216.
14 Pierre-André Arcand, « *La Sagouine* de Moncton à Montréal », *op. cit.*, p. 199.
15 Melvin Gallant, « *La Sagouine* et la société acadienne », *Revue de l'Association canadienne d'éducation de langue française*, vol. 2, n° 1, janvier 1973, p. 24.
16 Antonine Maillet, *Don l'Orignal*, p. 144.
17 Raymond LeBlanc, « Lire Antonine Maillet de *Pointe-aux-Coques* à *La Sagouine* », *La Revue de l'Université de Moncton*, vol. 7, n° 2, mai 1974, p. 68.
18 Gilbert David, « Notes dures sur un théâtre mou », *Études françaises*, vol. 11, n° 2, mai 1975, p. 101-102.
19 « Bouctouche fait pays de la Sagouine », *L'Évangéline*, 15 mai 1973, p. 4.
20 Martial Dassylva, « Évangéline est morte ; vive la Sagouine ! », *La Presse*, 14 octobre 1972, p. C-4.
21 Paul-André Bourque, « Entrevue avec Antonine Maillet », *Nord*, n°s 4-5, automne 1972-hiver 1973, p. 113.
22 B. A. Haché, « La Sagouine n'est pas du Nord-Est », *L'Évangéline*, 5 mars 1973, p. 6.
23 Thomas Légère, « La Sagouine est bel et bien Acadienne ! », *L'Évangéline*, 14 mars 1973, p. 6.
24 William Thériault, « *La Sagouine* : la réalité acadienne de partout », *L'Évangéline*, 23 mars 1973, p. 6.
25 Jean-Cléo Godin, « L'Évangéline selon Antonine », *Si que*, n° 4, automne 1979, p. 34.
26 « Herménégilde Chiasson se raconte. Au plus fort la poche : écriture et théâtre en Acadie », *L'Évangéline*, 26 janvier 1977, p. 10.
27 Martial Dassylva, « Évangéline est morte ; vive la Sagouine ! », *op. cit.*, p. C-4.
28 *Ibid.*
29 Paul-André Bourque, « Entrevue avec Antonine Maillet », *op. cit.*, p. 126.
30 *Ibid*, p. 125.

3. Antonine Maillet

1 Martine L. Jacquot, « "Je suis la charnière" : Entretien avec Antonine Maillet », *Studies in Canadian Literature*, vol. 15, n° 2, 1988, p. 252.
2 Alice Parizeau, « Née à Bouctouche », *Maclean's*, vol. 14, n° 5, mai 1974, p. 26.
3 Simone LeBlanc-Rainville, « Entretien avec Antonine Maillet », *La Revue de l'Université de Moncton*, vol. 7, n° 2, mai 1974, p. 13.
4 « Ce jour-là… une entrevue avec Antonine Maillet », *Amitiés acadiennes*, n° 7, janvier 1979, p. 5.
5 *Ibid.*, p. 4.
6 Gilles Marsolais, « Gilles Marsolais rencontre Antonine Maillet », *Théâtre [CNA]*, vol. 3, n° 4, janvier 1977, p. 6.
7 Caroline Barrett, « Entrevue avec Antonine Maillet », *Québec français*, n° 60, décembre 1985, p. 37.
8 *Ibid.*
9 Alice Parizeau, « Née à Bouctouche », *op. cit.*, p. 34.
10 Louise Catherine Robichaud, « Antonine Maillet… des liens profonds avec l'Université de Moncton », *Dimensions*, vol. 6, n° 2, été 1989, p. 24.
11 Martine L. Jacquot, « "Je suis la charnière" : Entretien avec Antonine Maillet », *op. cit.*, p. 253.
12 Alice Parizeau, « Née à Bouctouche », *op. cit.*, p. 34.
13 Simone LeBlanc-Rainville, « Entretien avec Antonine Maillet », *op. cit.*, p. 15-16.
14 Roger Lacerte, « Le théâtre acadien : étude des principaux dramaturges et de leurs œuvres (1957-1977) », thèse de doctorat, 1984, Ann Arbor, Michigan, U.S.A., University Microfilms International, 1985, p. 71.
15 Émery LeBlanc, « Antonine Maillet », *L'Évangéline*, 8 mai 1958, p. 4.
16 Gilles Marsolais, « Gilles Marsolais rencontre Antonine Maillet », *op. cit.*, p. 6.
17 Alice Parizeau, « Née à Bouctouche », *op. cit.*, p. 34.
18 Émery LeBlanc, « Le prix Champlain », *L'Évangéline*, 14 juin 1960, p. 4.
19 Émile Chartier, « Pointe-aux-Coques », *Lectures*, vol. 4, n° 16, avril 1958, p. 243.
20 *Ibid*, p. 244.
21 « Antonine Maillet installée à titre de chancelier », *Hebdo Campus*, vol. 19, n° 38, 11 mai 1989, p. 4.
22 Jean Sarrazin, « Antonine Maillet et l'Acadie », *Forces*, n° 44, 3ᵉ trimestre 1978, p. 34.
23 Donald Smith, « L'Acadie, pays de la ruse et du conte », *Lettres québécoises*, n° 19, automne 1980, p. 46.
24 Jean Sarrazin, « Antonine Maillet et l'Acadie », *op. cit.*, p. 33.
25 Roger Savoie, « *On a mangé la dune* », *L'Évangéline*, 11 mai 1963, cité par James de Finney, « Antonine Maillet : un exemple de réception littéraire régionale », *Revue d'histoire littéraire du Québec et du Canada français*, n° 12, été-automne 1986, p. 27.

26 Paul Gay, « Maillet, Antonine. *On a mangé la dune* », *Lectures*, vol. 9, n° 7, mars 1963, p. 179.
27 Michel Beaulieu, « Les oubliés », *La Barre du Jour*, n° 8, octobre-novembre 1966, p. 43.
28 *Ibid.*, p. 44.
29 Donald Smith, « L'Acadie, pays de la ruse et du conte », *Lettres québécoises*, n° 19, automne 1980, p. 46.
30 Antonine Maillet, « Réflexions », *L'Évangéline*, 14 avril 1965, p. 5.
31 Marguerite Maillet, « Hommage à Antonine Maillet », *Revue de l'Université Laurentienne*, vol. 10, n° 2, février 1978, p. 135.
32 Simone LeBlanc-Rainville, « Entretien avec Antonine Maillet », *op. cit.*, p. 18.
33 Maximilien Laroche, « *Les Crasseux* d'Antonine Maillet », *Livres et auteurs canadiens 1968*, 1969, p. 74.
34 Donald Smith, « L'Acadie, pays de la ruse et du conte », *op. cit.*, p. 48.
35 Simone LeBlanc-Rainville, « Entretien avec Antonine Maillet », *op. cit.*, p. 19-20.
36 James de Finney, « Antonine Maillet : un exemple de réception littéraire régionale », *Revue d'histoire littéraire du Québec et du Canada français*, n° 12, été-automne 1986, p. 27.
37 Madeleine Greffard, « Le théâtre », *Études littéraires*, vol. 2, n° 2, 1969, p. 234.
38 Maximilien Laroche, « *Les Crasseux* d'Antonine Maillet », *op. cit.*, p. 74.
39 Luc Lacoursière, « Présentation d'Antonine Maillet », *Société royale du Canada,* n° 133, 1977-1978, p. 163.
40 Alice Parizeau, « Née à Bouctouche », *op. cit.*, p. 38.
41 Paul-André Bourque, « Entrevue avec Antonine Maillet », *op. cit.*, p. 122.
42 Gilles Marsolais, « Gilles Marsolais rencontre Antonine Maillet », *op. cit.*, p. 6.
43 Jean Sarrazin, « Antonine Maillet et l'Acadie », *op. cit.*, p. 31.
44 « Un nouveau roman radiophonique à CBAF-1300. Les aventures de Maria à Gélas de Antonine Maillet », *L'Évangéline*, 4 octobre 1972, p. 2.
45 « En moi, c'est la femme, les lettres de l'Acadie qu'on honore aujourd'hui », *L'Évangéline*, 8 mai 1972, p. 4.
46 Réginald Martel, « L'Île-aux-Puces, l'Île-aux-Puces », *La Presse*, 12 août 1972, p. C-3.
47 *Ibid.*
48 *Ibid.*
49 Yves Taschereau et Benoît Aubin, « Interview. Antonine Maillet. Acadienne d'abord, écrivaine ensuite ! », *L'actualité*, vol. 3, n° 5, mai 1978, p. 12.

4. Un milieu artistique en effervescence

1 Jacques Savoie, avec Gilles Savoie et Herménégilde Chiasson, *L'anti-livre*, Moncton, Éditions de L'étoile magannée, 1972, s. p.
2 « Dynamisme de la culture française en Acadie », *L'Évangéline*, 13 septembre 1972, p. 3.
3 Robert Lagacé, « Nom de code : Hermé », *L'Acadie Nouvelle*, 5 avril 1997, p. A2.

4 David Lonergan, *Entrevue avec Herménégilde Chiasson*, bande magnétique, 19 janvier 2000.
5 Claudette Lajoie, «Profil», *Ven'd'est*, mars-avril 1993, p. 46.
6 Herménégilde Chiasson, *Triptyque*, 8 septembre 1992.
7 *Ibid.*
8 Sue Calhoun, «A Wandering Acadian Looking for Truth», *Atlantic Insight*, mai 1989, p. 15.
9 Herménégilde Chiasson, *Triptyque*, 8 septembre 1992.
10 Anne-Marie Robichaud, «Entretien avec Herménégilde Chiasson», *Si que*, n° 4, automne 1979, p. 74.
11 Marielle Gervais, «L'homme derrière l'œuvre. Entretien avec Jacques Savoie», *Ven'd'est*, octobre 1986, p. 3.
12 Robert Lagacé, «Nom de code: Hermé», *op. cit.*, p. A4.
13 Herménégilde Chiasson, *Triptyque*, 8 septembre 1992.
14 Jean-Claude Pichon, «Jos Manigau à cœur ouvert. Qui êtes-vous Donat Lacroix?», *Le Progrès-l'Évangéline*, 25 juin 1971.
15 «Donat Lacroix. Auprès de sa mer, il vivait heureux», *L'Évangéline*, 28 novembre 1972.
16 Jean-Claude Pichon, «Qui êtes-vous, Calixte Duguay?», *L'Évangéline*, 21 janvier 1972.
17 *Ibid.*
18 *Ibid.*
19 Benoît Lavoie, «Il vient de Tabusintac, Acadie», *Le Soleil*, 5 octobre 1974.
20 1972, article sans source, collection Breau.
21 «Plaidoyer de Jeanine Beaubien pour un théâtre plus inventif», *L'Évangéline*, 21 février 1972, p. 6.
22 Jean Péronnet, «Vie professionnelle», lettre manuscrite à David Lonergan, 1999.
23 *Ibid.*
24 Clément Cormier, *L'Université de Moncton: historique*, Moncton, Centre d'études acadiennes, 1975, p. 191.
25 Laurent Lavoie, «Petite histoire du théâtre acadien au Nouveau-Brunswick», dans *Langues et littératures au Nouveau-Brunswick*, Robert Whalen (rédac. en chef), Moncton, Éditions d'Acadie, 1986, p. 246.
26 Pierre Christien Creignou, «Le Théâtre Amateur de Moncton: Une voix pour les Acadiens», *L'Évangéline*, 5 décembre 1972, p. 10.

5. S'affirmer Acadien

1 «Notre revue», *L'Acayen*, vol. 1, n° 2, p. 2.
2 Léon Thériault, «À la recherche d'un nom», *L'Acayen*, vol. 1, n° 1, p. 31.
3 *Ibid.*, p. 32.
4 *Ibid.*
5 *Ibid.*, p. 34.
6 Michel Roy, «Un pays à inventer», *L'Acayen*, vol. 1, n° 1, avril 1972, p. 34.

7   Réjean Poirier, « D'une nuit à l'autre », *L'Évangéline*, 14 avril 1972, p. 9.
8   Gérard LeBlanc, « À propos de la nuit de la poésie. Une lettre de Gérard LeBlanc », *L'Évangéline*, 18 avril 1972, p. 11.
9   « Concert par des artistes acadiens au Collège NDA », *L'Évangéline*, 27 septembre 1955, p. 6.
10 Ronald Després, « Esquisses parisiennes », *L'Évangéline*, 7 janvier 1956, p. 4.
11 Ronald Després, « Testament de foi d'un Acadien », *L'Évangéline*, 22 mars 1972, p. 7.
12 Ronald Després, « Nous avons assez bûché de bois… », *L'Évangéline*, 22 septembre 1956, p. 4.
13 Ronald Després, « Testament de foi d'un Acadien », *op. cit.*, p. 7.
14 Ronald Després, « La poésie donne sur l'infini par le hublot du rêve… », dans *La poésie canadienne-française*, Paul Wyczynski, Bernard Julien, Jean Ménard et Réjean Robidoux (dir.), *Archives des Lettres canadiennes*, tome IV, Montréal, Fides, 1969, p. 512.
15 Paul-André Légaré, « Un poète acadien publie sa première œuvre. *Silences à nourrir de sang* de R. Després », *L'Évangéline*, 12 février 1958, p. 4.
16 Ronald Després, « La poésie donne sur l'infini par le hublot du rêve… », *op. cit.*, p. 512.
17 Laurent Lavoie, « Les recueils », *La Revue de l'Université de Moncton*, n° 1, 5ᵉ année, janvier 1972, p. 86.
18 Madeleine Leblanc, « *Les cloisons en vertige* », *Le Droit*, 16 février 1963, p. 14.
19 Euclide Daigle, « L'opinion du lecteur : Une critique littéraire », *L'Évangéline*, 14 janvier 1963, p. 4.
20 Fra Nihilo, « *Les cloisons en vertige* », *La Revue de l'Université Laval*, vol. 28, n° 8, avril 1964, p. 783.
21 Mᵐᵉ Georges Richard, « L'opinion du lecteur : Une critique appréciée », *L'Évangéline*, 18 janvier 1963, p. 4.
22 Thérèse Châtillon, « L'opinion du lecteur : Cette critique signée Euclide Daigle », *L'Évangéline*, 18 janvier 1963, p. 4.
23 Vincent Joly, « L'opinion du lecteur : Les poètes ne courent pas les rues », *L'Évangéline*, 21 janvier 1963, p. 4.
24 Roméo Savoie, « L'opinion du lecteur : Réponse à "Une critique littéraire" », *L'Évangéline*, 21 janvier 1963, p. 4.
25 B-89-56, « L'opinion du lecteur : Combat Daigle *vs* Després », *L'Évangéline*, 21 janvier 1963, p. 4.
26 Jean-Claude Cardinal, « Une critique d'une critique », *L'Évangéline*, 25 janvier 1963, p. 4.
27 Le Passant, « Combat Châtillon – Savoie – Daigle – Cardinal – Després – Joly (suite et fin ?) », *L'Évangéline*, 25 janvier 1963, p. 4.
28 Jean Hubert, « *Les cloisons en vertige* », *L'Évangéline*, 19 janvier 1963, p. 4.
29 Ronald Després, « Source muette », *L'Évangéline*, 26 janvier 1963.
30 Ronald Després, « Le dernier mot », *L'Évangéline*, 2 février 1963, p. 4.
31 André Renaud, « *Le scalpel ininterrompu* », *Le Droit*, 6 octobre 1962, p. 14.

32 André F. Vachon, « Ronald Després », *Livres et auteurs canadiens 1962*, 1963, p. 56.
33 Ronald Després, « Testament de foi d'un Acadien », *L'Évangéline*, 22 mars 1972, p. 6.
34 Ronald Després, « La poésie donne sur l'infini par le hublot du rêve... », *op. cit.*, p. 512.
35 Jean-Louis Major, « Poésie », *University of Toronto Quarterly*, vol. 38, n° 4, juillet 1969, p. 481.
36 Ronald Després, « Testament de foi d'un Acadien », *op. cit.*, p. 6.
37 « *L'Acadie, l'Acadie* provoque des remous à Moncton », *L'Évangéline*, 10 janvier 1972, p. 3.
38 Claude Bourque, « L'Acadie... », *L'Évangéline*, 10 janvier 1972, p. 4.
39 « La contre-manifestation. "Donnez la parole aux travailleurs" », *L'Évangéline*, 17 janvier 1972, p. 3.
40 *Ibid.*
41 Josette Déléas, *Léonard Forest ou le regard pionnier*, Moncton, Chaire d'études acadiennes, 1998, p. 14-15.
42 *Ibid.*, p. 18.
43 *Ibid.*, p. 32.
44 Léonard Forest, *La jointure du temps*, essais, préface d'Anne-Marie Robichaud, Moncton, Éditions Perce-Neige, 1997, p. 65.
45 *Ibid.*, p. 66.
46 *Ibid.*, p. 66-67.
47 *Ibid.*, p. 67.
48 *Ibid.*, p. 68.
49 *Ibid.*, p. 70.
50 *Ibid.*, p. 71.
51 *Ibid.*, p. 68.
52 *Ibid.*, p. 71.
53 *La Presse*, 7 janvier 1967, cité par Josette Déléas, *Léonard Forest ou le regard pionnier, op. cit.*, p. 43.
54 *Ibid.*, p. 45.
55 Jean-Louis Arcand, *L'Évangéline*, 10 août 1968, cité par Josette Déléas, *Léonard Forest ou le regard pionnier, op. cit.*, p. 48.
56 Raymond Leblanc, *L'Évangéline*, 12 août 1968.
57 Pierre R. Desrosiers, « Léonard Forest – son travail », *Medium Media*, avril 1971, cité par Josette Déléas, *Léonard Forest ou le regard pionnier, op. cit.*, p. 74-75.
58 Armande Saint-Jean, Lettre commentaire au commissaire-adjoint de l'ONF, citée par Josette Déléas, *Léonard Forest ou le regard pionnier, op. cit.*, p. 77.
59 *Ibid.*
60 *Ibid.*, p. 78.
61 *Ibid.*, p. 78-79.
62 « Un soleil pas comme ailleurs », *L'Évangéline*, 8 novembre 1972, p. 10.
63 *Ibid.*

64	Jocelyne Archambault, « Rapport évaluation Société nouvelle / Challenge for Change », Office national du film, 1973, p. 2 ; citée par Josette Déléas, *Léonard Forest ou le regard pionnier, op. cit.*, p. 86.
65	« *Un soleil pas comme ailleurs* », *L'Évangéline*, 8 novembre 1972, p. 10.
66	« *Un soleil pas comme ailleurs* », *L'Évangéline*, 24 novembre 1972, p. 2.
67	« *Un soleil pas comme ailleurs* mardi soir à CBAFT, Moncton », *L'Évangéline*, 18 décembre 1972, p. 10.
68	*Ibid.*
69	Pierre Poulin, « L'Acadien à la recherche d'une Acadie », *L'Évangéline*, 15 août 1972, p. 2.
70	*Ibid.*, p. 12.
71	Patrick Francès, « Le manifeste du Parti acadien 2. Quand la Sagouine flirte avec Mao », *L'Évangéline*, 2 juin 1972, p. 12.
72	Pierre Poulin, « L'Acadien à la recherche d'une Acadie », *op. cit.*, p. 2.
73	*Ibid.*, p. 6-7.
74	*Ibid*, p. 7.
75	René Lévesque, « Jeune Acadie et vieux cul-de-sac », *L'Évangéline*, 9 juin 1972, p. 5 ; repris du *Journal de Montréal*, 31 mai 1972.
76	Claude Bourque, « Les Acadiens sont-ils une cause perdue ? », *L'Évangéline*, 27 novembre 1972, p. 6.
77	Pierre Poulin, « L'Acadien à la recherche d'une Acadie », *op. cit.*, p. 8.
78	*Ibid.*, p. 9.
79	*Ibid.*
80	Raymond LeBlanc, « La question nationale chez Karl Marx », thèse de maîtrise, Moncton, Université de Moncton, 1973, p. 122.
81	*Ibid.*, p. 122-123.
82	Guy Letendre [Raymond LeBlanc], « Kouchibouguac », *L'Évangéline*, 30 novembre 1972, p. 7.
83	Raymond LeBlanc, « Petitcodiac », *La Revue de l'Université de Moncton*, n° 1, 5e année, janvier 1972, p. 102. Poème repris dans *Cri de terre*.
84	Raymond LeBlanc, « *Je* suis acadien », *La Revue de l'Université de Moncton*, n° 1, 5e année, janvier 1972, p. 110. Poème repris dans *Cri de terre*.
85	*Ibid.*
86	Pierre-André Arcand, Gérard LeBlanc et Pierre Roy, « Une poésie militante », *La Revue de l'Université de Moncton*, n° 1, 5e année, janvier 1972, p. 118.
87	Pierre L'Hérault, « *Cri de terre* de Raymond LeBlanc, un événement significatif », *L'Évangéline*, 6 mars 1973, p. 10.
88	Jean-Guy Rens, « Une saison en Acadie », *La Presse*, 17 mars 1973, p. D-3 ; repris dans *L'Évangéline*, 27 mars 1973, p. 10.
89	Gilles Marcotte, « Les mots comme des choses », *Études françaises*, mai 1974, p. 132.
90	Jocelyn-Robert Duclos, « *Cri de terre* », *Livres et auteurs québécois 1973*, 1974, p. 130.
91	Alain Masson, « Étranglement étalement : *Cri de terre*, Raymond LeBlanc, *Saisons antérieures*, Léonard Forest », *La Revue de l'Université de Moncton*,

vol. 7, n° 2, mai 1974, p. 165-195; repris dans Alain Masson, *Lectures acadiennes: articles et comptes rendus sur la littérature acadienne depuis 1972*, Moncton, Éditions Perce-Neige, 1994, p. 73.

92   Pierre-André Arcand, « Poets From the End of the Earth », *Ellipse*, n° 16, 1974, p. 78. («LeBlanc is certainly the most Québécois of the Acadians poets.» «With LeBlanc, on the other hand, we see poetry which takes form in a struggle for and against history»).

93   Calixte Duguay, « *Cri de terre* », *Revue de l'Université de Moncton*, vol. 8, n° 1, janvier 1975, p. 107.

94   Pierre Poulin, « L'Acadien à la recherche d'une Acadie », *L'Évangéline*, 15 août 1972, p. 9.

95   Denis Cormier, « L'Acadien de 1972 », *L'Évangéline*, 22 novembre 1972, p. 6.

96   Pierre Poulin, « L'Acadien à la recherche d'une Acadie », *op. cit.*, p. 10.

97   Patrick Francès, « Le manifeste du Parti acadien 2. Quand la Sagouine flirte avec Mao », *L'Évangéline*, 2 juin 1972, p. 13.

98   Denis Cormier, « L'Acadien de 1972 », *op. cit.*, p. 6.

99   *Ibid.*

100 Patrick Francès, « Le manifeste du Parti acadien 2. Quand la Sagouine flirte avec Mao », *L'Évangéline*, 2 juin 1972, p. 13.

101 *Ibid.*

102 Pierre Poulin, « L'Acadien à la recherche d'une Acadie », *op. cit.*, p. 11.

103 « Inauguration officielle du poste de radio CKUM », *L'Évangéline*, 3 février 1972, p. 6.

104 « Une centaine de professeurs se réunissent », *L'Évangéline*, 27 octobre 1972, p. 8.

105 *Ibid.*

106 Denis Cormier, « L'Acadien de 1972 », *op. cit.*, p. 6.

Bibliographie des sources citées

1. Prémices
Articles
Anonyme, « L'Acadie renaît ! Grâce à l'aide française », *L'Évangéline*, 22 janvier 1968, p. 1. Cité par Robert Pichette, *L'Acadie par bonheur retrouvée*, p. 159.

Anonyme [publi-reportage], « *Cri de terre* : recueil poétique de Raymond LeBlanc », *L'Évangéline*, 31 janvier 1973, p. 7.

Anonyme, « Dessins de Roméo Savoie », *L'Évangéline*, 13 novembre 1972, p. 10.

Anonyme, « Les Éditions d'Acadie », document dactylographié, archives des Éditions d'Acadie, vers 1992, 6 p.

Anonyme, « Les Éditions d'Acadie sont nées », *L'Évangéline*, 24 janvier 1973, p. 2.

Anonyme, « La Faculté des Arts de l'Université de Moncton fête également son dixième anniversaire », *L'Évangéline*, 26 octobre 1973, p. 8.

Anonyme, « Jeudi à la Galerie d'art de l'U. de M. deux auteurs et deux livres pour l'Acadie », *L'Évangéline*, 28 février 1973, p. 10.

Anonyme, « Lancement du livre de Raymond LeBlanc », *L'Évangéline*, 31 janvier 1973, p. 1.

Anonyme, « Nouvel engagement culturel », *L'Évangéline*, 8 février 1973, p. 12.

Arcand, Pierre-André, « Présentation », *La Revue de l'Université de Moncton*, n° 1, 5ᵉ année, janvier 1972, p. 2.

Brunelle, Dorval, « Interview avec Michel Blanchard », *Liberté*, vol. 11, n° 5, août / septembre / octobre 1969, p. 60-68.

LeBlanc, Gérard et Pierre Roy, «Bilan des 20 dernières années», *La Revue de l'Université de Moncton*, n° 1, 5ᵉ année, janvier 1972, p. 6-12.

LeBlanc, Gérard, Adrice Richard et Pierre Roy, «Une expérience d'animation poétique», *La Revue de l'Université de Moncton*, n° 1, 5ᵉ année, janvier 1972, p. 3-5.

LeBlanc, Raymond, «Manifeste politique», *L'Embryon*, décembre 1970.

Masson, Alain, «Sur la production poétique au Nouveau-Brunswick», *La Revue de l'Université de Moncton*, n° 1, 5ᵉ année, janvier 1972, p. 68-79; repris dans Alain Masson, *Lectures acadiennes*, Moncton, Éditions Perce-Neige, 1994, p. 27-49.

Pilon, Jean-Guy, «Acadie 1969», *Liberté*, vol. 11, n° 5, août/septembre/octobre 1969, p. 7-9.

Richard, Camille, «La récupération d'un passé ambigu», *Liberté*, vol. 11, n° 5, août/septembre/octobre 1969, p. 27-48.

Roy, Michel, «Survol historique de l'Acadie», *Liberté*, vol. 11, n° 5, août/septembre/octobre 1969, p. 13-26.

Savoie, Roger, «La répression en Acadie», *Liberté*, vol. 11, n° 5, août/septembre/octobre 1969, p. 54-57.

Villon, Pierre, «L'art en Acadie, *Liberté*, vol. 11, n° 5, août/septembre/octobre 1969, p. 69-76.

Conférences

Savoie, Roger, «Un peuple improvisé», conférence donnée Chez Lorentin (boîte à chansons de Moncton), le 5 février 1968, cité par Hautecœur p. 281.

Numéros spéciaux de revues

La Revue de l'Université de Moncton, n° 1, 5ᵉ année, janvier 1972.
Liberté, vol. 11, n° 5, août/septembre/octobre 1969.

Procès-verbaux

Procès-verbal de l'assemblée générale de la Société nationale de l'Acadie (SNA) du 2 février 1970, cité par Hautecœur, p. 303.

Films

Brault, Michel, et Pierre Perrault, *L'Acadie, l'Acadie*, documentaire, ONF, 1971, 117 min.

Livres

Actes du colloque, *L'ère Louis J. Robichaud, 1960-1970,* Moncton, Institut canadien de recherche sur le développement régional, collection Maritimes, 2001, 216 p.

Chiasson, Euclide, André Dumont, Jacques Fortin, Arthur William Landry, Donald Poirier, Armand Roy et Lorio Roy, *Le Parti Acadien,* essai, Petit-Rocher, 1972, 153 p.

Cormier, Michel et Achille Michaud, *Richard Hatfield : un dernier train pour Hartland,* biographie, Montréal, Libre Expression / Moncton, Éditions d'Acadie, 1991, 320 p.

Couturier, Jacques Paul, en collaboration avec Wendy Johnston et Réjean Ouellette, *Un passé composé. Le Canada de 1850 à nos jours,* essai, Moncton, Éditions d'Acadie, en collaboration avec le Regroupement des universités de la francophonie hors Québec, 2ᵉ édition, 2000, 419 p.

Daigle, Jean (dir.), *L'Acadie des Maritimes,* Moncton, Chaire d'études acadiennes, 1993, 908 p.

Doucet, Michel, *Le discours confisqué,* essai, Moncton, Éditions d'Acadie, 1995, 238 p.

Finn, Gilbert, *Fais quelque chose,* Moncton, à compte d'auteur, 2000, 155 p.

Hautecœur, Jean-Paul, *L'Acadie du discours. Pour une sociologie de la culture acadienne,* essai, Québec, PUL, 1975, xxv-351 p.

Ouellette, Roger, *Le Parti acadien. De la fondation à la disparition, 1972-1982,* Moncton, Chaire d'études acadiennes, collection Mouvange n° 3, 1992, 119 p.

Pichette, Robert, *L'Acadie par bonheur retrouvée, De Gaulle et l'Acadie,* essai, Moncton, Éditions d'Acadie, 1994, 276 p.

Roy, Michel, *L'Acadie des origines à nos jours,* essai, Montréal, Québec / Amérique, 1981, 340 p.

2. Le phénomène *La Sagouine*

Articles

Anonyme, « Bouctouche fait pays de la Sagouine », *L'Évangéline,* 15 mai 1973, p. 4.

Anonyme, « Herménégilde Chiasson se raconte. Au plus fort la poche : écriture et théâtre en Acadie », *L'Évangéline,* 26 janvier 1977, p. 10.

Anonyme, « *La Sagouine* a conquis Montréal, *L'Évangéline*, 16 octobre 1972, p. 10.

Anonyme, « *La Sagouine* au Moncton High », *L'Évangéline*, 13 septembre 1972, p. 10.

Anonyme, « *La Sagouine* ne peut pas se taire », *Théâtre*, Centre national des arts (CNA), décembre 1974, p. 1.

Anonyme, « *La Sagouine* triomphe à Paris », *L'Évangéline*, 21 novembre 1972, p. 10.

Anonyme, « Vive *La Sagouine* », *L'Évangéline*, 14 septembre 1972, p. 1.

Arcand, Pierre-André, « *La Sagouine* de Moncton à Montréal », *Études françaises*, vol. 10, n° 2, mai 1974, p. 199.

Bélair, Michel, « *La Sagouine* au Rideau-Vert : un moment privilégié », *Le Devoir*, 10 mars 1973, p. 23.

Bourque, Paul-André, « Entrevue avec Antonine Maillet », *Nord*, n°s 4-5, automne 1972-hiver 1973, p. 111-128.

Chartier, Émile, « *Pointe-aux-Coques* », *Lectures*, vol. 4, n° 16, avril 1958, p. 243-244.

Dassylva, Martial, « Évangéline est morte ; vive la Sagouine ! », *La Presse*, 14 octobre 1972, p. C-4.

David, Gilbert, « Notes dures sur un théâtre mou », *Études françaises*, vol. 11, n° 2, mai 1975, p. 101-102.

Gallant, Melvin, « *La Sagouine* et la société acadienne », *Revue de l'Association canadienne d'éducation de langue française*, vol. 2, n° 1, janvier 1973, p. 24.

Godin, Jean-Cléo, « L'Évangéline selon Antonine », *Si que*, n° 4, automne 1979, p. 23-46.

Haché, B. A., « La Sagouine n'est pas du Nord-Est », *L'Évangéline*, 5 mars 1973, p. 6.

Jacquot, Martine L., « "Je suis la charnière" : Entretien avec Antonine Maillet », *Studies in Canadian Literature*, vol. 15, n° 2, 1988, p. 250-263.

Landry, Roselyne, « Nouvel engagement culturel », *L'Évangéline*, 8 février 1973, rubrique « Sur le campus », p. 12.

LeBlanc, Émery, « Antonine Maillet », *L'Évangéline*, 8 mai 1958, p. 4.

LeBlanc, Émery, « Le prix Champlain », *L'Évangéline*, 14 juin 1960, p. 4.

LeBlanc, Raymond, « Lire Antonine Maillet de *Pointe-aux-Coques* à *La Sagouine* », *La Revue de l'Université de Moncton*, vol. 7, n° 2, mai 1974, p. 68.

Légère, Thomas, « La Sagouine est bel et bien Acadienne ! », *L'Évangéline*, 14 mars 1973, p. 6.

Parizeau, Alice, « Née à Bouctouche », *Maclean's*, vol. 14, n° 5, mai 1974, p. 26-27, 34, 38.

Saint-Jacques, Denis, « *La Sagouine* d'Antonine Maillet », *Voix et images du pays*, n° 8, printemps 1974, p. 196.

Shek, Ben Z., « Thèmes et structures de la contestation dans *La Sagouine* d'Antonine Maillet », *Voix et images*, vol. 1, n° 2, décembre 1975, p. 216.

Thériault, William, « *La Sagouine* : la réalité acadienne de partout », *L'Évangéline*, 23 mars 1973, p. 6.

Livres

Maillet, Marguerite, Gérard LeBlanc et Bernard Émont, *Anthologie de textes littéraires acadiens, 1606-1975*, Moncton, Éditions d'Acadie, 1979, 624 p.

Maillet, Marguerite, *Histoire de la littérature acadienne : de rêve en rêve*, histoire littéraire, Moncton, Éditions d'Acadie, 1983, 262 p.

3. Antonine Maillet

Articles

Anonyme, « Antonine Maillet installée à titre de chancelier », *Hebdo Campus*, vol. 19, n° 38, 11 mai 1989, p. 4.

Anonyme, « Ce jour-là… une entrevue avec Antonine Maillet », *Amitiés acadiennes*, n° 7, janvier 1979, p. 4-5.

Anonyme, « En moi, c'est la femme, les lettres de l'Acadie qu'on honore aujourd'hui », *L'Évangéline*, 8 mai 1972, p. 4.

Anonyme, « Un nouveau roman radiophonique à CBAF-1300. *Les aventures de Maria à Gélas* de Antonine Maillet », *L'Évangéline*, 4 octobre 1972, p. 2.

Barrett, Caroline, « Entrevue avec Antonine Maillet », *Québec français*, n° 60, décembre 1985, p. 34-37.

Beaulieu, Michel, « Les oubliés », *La Barre du Jour*, n° 8, octobre-novembre 1966, p. 43-44.

Bourque, Paul-André, « Entrevue avec Antonine Maillet », *Nord*, n°s 4-5, automne 1972-hiver 1973, p. 111-128.

Chartier, Émile, «*Pointe-aux-Coques*», *Lectures*, vol. 4, n° 16, avril 1958, p. 243-244.

de Finney, James, «Antonine Maillet: un exemple de réception littéraire régionale», *Revue d'histoire littéraire du Québec et du Canada français*, n° 12, été-automne 1986, p. 17-33.

Ferron, Jacques, «Jacques Ferron présente Les Crasseux», dans *Les Crasseux, Théâtre vivant*, n° 5, 1968, p. 3-7.

Gay, Paul, «Maillet, Antonine. *On a mangé la dune*», *Lectures*, vol. 9, n° 7, mars 1963, p. 179.

Greffard, Madeleine, «Le théâtre», *Études littéraires*, vol. 2, n° 2, 1969, p. 221-237.

Jacquot, Martine L., «"Je suis la charnière": Entretien avec Antonine Maillet», *Studies in Canadian Literature*, vol. 15, n° 2, 1988, p. 250-263.

Lacoursière, Luc, «Présentation d'Antonine Maillet», *Société royale du Canada. Présentation*, n° 133, 1977-1978, p. 155-166.

Lacroix, Jean-Michel, «Antonine Maillet. À propos de *La Sagouine*. Entretien avec Jean-Michel Lacroix» [à Paris, 4 novembre 1976], *Études canadiennes/Canadian Studies*, n° 3, 1977, p. 101-111.

Laroche, Maximilien, «*Les Crasseux* d'Antonine Maillet», *Livres et auteurs canadiens 1968*, 1969, p. 74-75.

LeBlanc, Émery, «Antonine Maillet», *L'Évangéline*, 8 mai 1958, p. 4.

LeBlanc-Rainville, Simone, «Entretien avec Antonine Maillet», *La Revue de l'Université de Moncton*, vol. 7, n° 2, mai 1974, p. 13-24.

Maillet, Antonine, «Réflexions», *L'Évangéline*, 14 avril 1965, p. 5.

Maillet, Marguerite, «Hommage à Antonine Maillet», *Laurentian University Review/Revue de l'Université Laurentienne*, vol. 10, n° 2, février 1978, p. 135-136.

Marsolais, Gilles, «Gilles Marsolais rencontre Antonine Maillet», *Théâtre [CNA]*, vol. 3, n° 4, janvier 1977, p. 6-7.

Martel, Réginald, «L'Île-aux-Puces, l'Île-aux-Puces», *La Presse*, 12 août 1972, p. C-3.

Parizeau, Alice, «Née à Bouctouche», *Maclean's*, vol. 14, n° 5, mai 1974, p. 26-27, 34, 38.

Plante, Jean-Paul, «*On a mangé la dune* de Antonine Maillet», *Livres et auteurs canadiens 1962*, 1963, p. 24-25.

Robichaud, Louise Catherine, «Antonine Maillet... des liens profonds avec l'Université de Moncton», *Dimensions*, vol. 6, n° 2, été 1989, p. 24-25.

Sarrazin, Jean, «Antonine Maillet et l'Acadie», *Forces*, n° 44, 3ᵉ trimestre 1978, p. 28-35.
Savoie, Roger, «*On a mangé la dune*», *L'Évangéline*, 11 mai 1963, p. 9.
Shek, Ben Z., *Acadiensis*, vol. 12, n° 2, printemps 1983, p. 171.
Smith, Donald, «L'Acadie, pays de la ruse et du conte», *Lettres québécoises*, n° 19, automne 1980, p. 44-53.
Sœur Marie-Grégoire, «Réflexions sur la lecture», *L'Évangéline*, 14 avril 1965, p. 5.
Taschereau, Yves, et Benoît Aubin, «Interview. Antonine Maillet. Acadienne d'abord, écrivaine ensuite!», *L'actualité*, vol. 3, n° 5, mai 1978, p. 8, 12, 16.

Thèse

Lacerte, Roger, «Le théâtre acadien: étude des principaux dramaturges et de leurs œuvres (1957-1977)», thèse de doctorat, 1984, Ann Arbor, Michigan, U.S.A., University Microfilms International, 1985, 216 p.

4. Un milieu artistique en effervescence

Articles

Anonyme, «Calixte Duguay. Un poète de l'Acadie nouvelle», *L'Évangéline*, 13 octobre 1972, p. 9.
Anonyme, «Donat Lacroix. Auprès de sa mer, il vivait heureux», *L'Évangéline*, 28 novembre 1972.
Anonyme, «Dynamisme de la culture française en Acadie», *L'Évangéline*, 13 septembre 1972, p. 3.
Anonyme, «Plaidoyer de Jeanine Beaubien pour un théâtre plus inventif», *L'Évangéline*, 21 février 1972, p. 6.
Calhoun, Sue, «A Wandering Acadian Looking for Truth», *Atlantic Insight*, mai 1989, p. 14-18.
Chiasson, Zénon, «L'institution théâtrale acadienne», dans *L'Acadie des Maritimes*, Jean Daigle (dir.), Moncton, Chaire d'études acadiennes, 1993, p. 751-788.
Chiasson, Zénon, «Le théâtre acadien: quel bilan?», *Si que*, n° 4, automne 1979, p. 5-15.
Chiasson, Zénon, «Vingt-cinq ans de théâtre en Acadie. 1960-1985», *Québec français*, n° 60, décembre 1985, p. 46-49.

Cormier, Roger, « La musique et les Acadiens, » dans *L'Acadie des Maritimes*, Jean Daigle (dir.), Moncton, Chaire d'études acadiennes, 1993, p. 845-878.

Creignou, Pierre Christien, « Le Théâtre amateur de Moncton : Une voix pour les Acadiens », *L'Évangéline*, 5 décembre 1972, p. 10.

Creignou, Pierre Christien, « Le théâtre francophone au Nouveau-Brunswick. Un art en mauvaise santé », *L'Évangéline*, 25 janvier 1973, p. 10; « Le TCB : Un certain professionnalisme », *L'Évangéline*, 26 janvier 1973, p. 8; « Les Feux Chalins : une entreprise de spectacles ?, *L'Évangéline*, 29 janvier 1973, p. 10; « La TTUM ou la recherche du théâtre », *L'Évangéline*, 30 janvier 1973, p. 10; « Haro sur le public », *L'Évangéline*, 31 janvier 1973, p. 10.

Gervais, Marielle, « L'homme derrière l'œuvre. Entretien avec Jacques Savoie », *Ven'd'est*, octobre 1986, p. 3.

Imbeault, Louise, « Une boîte à surprise pour adultes », *L'Évangéline*, 8 septembre 1972, p. 13.

Lacroix, Donat, « "Chantez avec nous", chant thème du Festival acadien de Caraquet », *L'Évangéline*, 10 août 1965.

Lagacé, Robert, « Nom de code : Hermé », *L'Acadie Nouvelle*, 5 avril 1997, p. A2-A3.

Lajoie, Claudette, « Profil », *Ven'd'est*, mars-avril 1993, p. 46-47.

Lavoie, Benoît, « Il vient de Tabusintac, Acadie », *Le Soleil*, 5 octobre 1974.

Lavoie, Laurent, « Petite histoire du théâtre acadien au Nouveau-Brunswick », dans *Langues et littératures au Nouveau-Brunswick*, Robert Whalen (rédac. en chef), Moncton, Éditions d'Acadie, 1986, p. 231-258.

Marcus, Jean-Claude, « Les fondements d'une tradition théâtrale en Acadie », dans *Les Acadiens des Maritimes : études thématiques*, Jean Daigle (dir.), Moncton, Centre d'études acadiennes, 1980, p. 633-666.

Pichon, Jean-Claude, « Jos Manigau à cœur ouvert. Qui êtes-vous Donat Lacroix ? », *Le Progrès-L'Évangéline*, 25 juin 1971.

Pichon, Jean-Claude, « Qui êtes-vous, Calixte Duguay ? », *L'Évangéline*, 21 janvier 1972, p. 16-17.

Robichaud, Anne-Marie, « Entretien avec Herménégilde Chiasson », *Si que*, n° 4, automne 1979, p. 65-78.

Roy, Valérie, « J'ai toujours été anarchiste. Herménégilde Chiasson », *Le Front*, 25 octobre 1995, p. 15.

Livres

Cormier, Clément, *L'Université de Moncton : historique*, Moncton, Centre d'études acadiennes, 1975, 404 p.

Labbé, Gabriel, *Les pionniers du disque folklorique québécois, 1920-1950*, Montréal, Éditions de l'Aurore, 1977, 216 p.

Thérien Robert, et Isabelle D'Amours, *Dictionnaire de la musique populaire au Québec, 1955-1992*, Québec, Institut québécois de recherche sur la culture, 1992, 580 p.

Divers

Article sans source ni titre, 1972, collection Raymond Breau.
Breau, Raymond, Curriculum vitae, 1999.
Chiasson, Herménégilde, Curriculum vitae 1983, 1995, 2001.
Chiasson, Herménégilde, *Triptyque*, 8 septembre 1992, essai inédit.
Lonergan, David, *Entrevue avec Herménégilde Chiasson*, bande magnétique, 19 janvier 2000.
Péronnet, Jean, Curriculum vitae, 1999.
Péronnet, Jean, *Vie professionnelle, production artistique et démarche littéraire*, lettre manuscrite à David Lonergan, 1999, sans paginaton.
Savoie, Jacques, Curriculum vitae 1981.

5. S'affirmer Acadien

Articles

Anonyme, «*L'Acadie, l'Acadie* provoque des remous à Moncton», *L'Évangéline*, 10 janvier 1972, p. 3.

Anonyme, «Concert par des artistes acadiens au Collège NDA», *L'Évangéline*, 27 septembre 1955, p. 6.

Anonyme, «La contre-manifestation. "Donnez la parole aux travailleurs"», *L'Évangéline*, 17 janvier 1972, p. 3.

Anonyme, «Inauguration officielle du poste de radio CKUM», *L'Évangéline*, 3 février 1972, p. 6.

Anonyme, «La manifestation de Bathurst. Réflexion, défoulement et frustrations», *L'Évangéline*, 17 janvier 1972, p. 2.

Anonyme, «Notre revue», *L'Acayen*, vol. 1, n° 2, juin 1972, p. 2.

Anonyme, «Nuit de la poésie et de la chanson acadiennes», *L'Évangéline*, 7 avril 1972, p. 3.

Anonyme, «Poésie et chanson acadiennes», *L'Évangéline*, 7 avril 1972, p. 10.

Anonyme, «Ronald Després et Arthur Girouard longuement applaudis au C.N.D.A.», *L'Évangéline*, 11 octobre 1955, p. 10.

Anonyme, «*Un soleil pas comme ailleurs*», *L'Évangéline*, 8 novembre 1972, p. 10.

Anonyme, «*Un soleil pas comme ailleurs*», *L'Évangéline*, 24 novembre 1972, p. 2.

Anonyme, «*Un soleil pas comme ailleurs* mardi soir à CBAFT, Moncton», *L'Évangéline*, 18 décembre 1972, p. 10.

Anonyme, «Une centaine de professeurs se réunissent», *L'Évangéline*, 27 octobre 1972, p 8.

Arcand, Pierre-André, Gérard LeBlanc et Pierre Roy, «Une poésie militante», *La Revue de l'Université de Moncton*, n° 1, 5ᵉ année, janvier 1972, p. 115-118.

Arcand, Pierre-André, «Poets From the End of the Earth», *Ellipse*, n° 16, 1974, p. 78.

Archambault, Jocelyne (dir.), «Rapport évaluation Société nouvelle / Challenge for Change», Office national du film, 1973.

Bourque, Claude, «L'Acadie...», *L'Évangéline*, 10 janvier 1972, p. 4.

Bourque, Claude, «Les Acadiens sont-ils une cause perdue?», *L'Évangéline*, 27 novembre 1972, p. 6.

B-89-56, «L'opinion du lecteur. Combat Daigle *vs* Després», *L'Évangéline*, 21 janvier 1963, p. 4.

Cardinal, Jean-Claude, «Une critique d'une critique», *L'Évangéline*, 25 janvier 1963, p. 4.

Châtillon, Thérèse, «L'opinion du lecteur. Cette critique signée Euclide Daigle», *L'Évangéline*, 18 janvier 1963, p. 4.

Cormier, Denis, «L'Acadien de 1972», *L'Évangéline*, 20 novembre 1972, p. 6.

Cormier, Denis, «L'Acadien de 1972», *L'Évangéline*, 21 novembre 1972, p. 6.

Cormier, Denis, «L'Acadien de 1972», *L'Évangéline*, 22 novembre 1972, p. 6.

Daigle, Euclide, «L'opinion du lecteur... Une critique littéraire», *L'Évangéline*, 14 janvier 1963. p. 4.

Després, Ronald, «Le dernier mot», *L'Évangéline*, 2 février 1963, p. 4.

Després, Ronald, «Esquisses parisiennes», *L'Évangéline*, 7 janvier 1956, p. 4.

Després, Ronald, « Esquisses parisiennes », *L'Évangéline*, 4 février 1956, p. 4.

Després, Ronald, « Nous avons assez bûché de bois… », *L'Évangéline*, 22 septembre 1956, p. 4.

Després, Ronald, « La poésie donne sur l'infini par le hublot du rêve… », dans *La poésie canadienne-française*, Paul Wyczynski, Bernard Julien, Jean Ménard et Réjean Robidoux (dir.), *Archives des lettres canadiennes*, tome IV, Montréal, Fides, 1969, p. 512-513.

Després, Ronald, « Testament de foi d'un Acadien », *L'Évangéline*, 22 mars 1972, p. 6-7.

Desrosiers, Pierre R., « Léonard Forest – son travail », *Medium Media*, avril 1971, cité par Déléas, p. 74-75.

Duclos, Jocelyn-Robert, « *Cri de terre* », *Livres et auteurs québécois 1973*, 1974, p. 130.

Duguay, Calixte, « *Cri de terre* », *Revue de l'Université de Moncton*, vol. 8, n° 1, janvier 1975, p. 107-111.

Francès, Patrick, « Le manifeste du Parti acadien 1. Une voix pour quoi faire ? », *L'Évangéline*, 24 mai 1972, p. 7-8.

Francès, Patrick, « Le manifeste du Parti acadien 2. Quand la Sagouine flirte avec Mao », *L'Évangéline*, 2 juin 1972, p. 12-13.

Francès, Marie-Paule et Patrick, « Ce que je montre dans ce film, c'est l'Acadien. Quelques-uns se reconnaîtront, d'autres refuseront », *L'Évangéline*, 7 janvier 1972, p. 17.

Gervoni, Albert, « Le cinéma de Pierre Perrault : Une esthétique du réel », *L'Évangéline*, 7 janvier 1972, p. 18.

Hubert, Jean, « Les cloisons en vertige », *L'Évangéline*, 19 janvier 1963, p. 6.

Joly, Vincent, « L'opinion du lecteur. Les poètes ne courent pas les rues », *L'Évangéline*, 21 janvier 1963, p. 4.

Lavoie, Laurent, « Les recueils », *La Revue de l'Université de Moncton*, n° 1, 5ᵉ année, janvier 1972, p. 85-86.

LeBlanc, Gérard, « À propos de la nuit de la poésie. Une lettre de Gérard LeBlanc », *L'Évangéline*, 18 avril 1972, p. 11.

Leblanc, Madeleine, « *Les cloisons en vertige* », *Le Droit*, 16 février 1963, p. 14.

Légaré, Paul-André, « Un poète acadien publie sa première œuvre. *Silences à nourrir de sang* de R. Després », *L'Évangéline*, 12 février 1958, p. 4.

Lévesque, René, « Jeune Acadie et vieux cul-de-sac », *L'Évangéline*, 9 juin 1972, p. 5 ; repris du *Journal de Montréal*, 31 mai 1972.

L'Hérault, Pierre, « *Cri de terre* de Raymond LeBlanc, un événement significatif », *L'Évangéline*, 6 mars 1973, p. 10.

Major, Jean-Louis, « Poésie », *University of Toronto Quarterly*, vol. 38, n° 4, juillet 1969, p. 481.

Marcotte, Gilles, « Les mots comme des choses », *Études françaises*, mai 1974, p. 132.

Masson, Alain, « Étranglement étalement : *Cri de terre*, Raymond LeBlanc, *Saisons antérieures*, Léonard Forest », *La Revue de l'Université de Moncton*, vol. 7, n° 2, mai 1974, p. 165-195 ; repris dans Alain Masson, *Lectures acadiennes : articles et comptes rendus sur la littérature acadienne depuis 1972*, Moncton, Éditions Perce-Neige, 1994, 172 p.

Nihilo, Fra, « *Les cloisons en vertige* », *La Revue de l'Université Laval*, vol. 28, n° 8, avril 1964, p. 783.

Le Passant, « Combat Châtillon – Savoie – Daigle – Cardinal – Després – Joly (suite et fin?) », *L'Évangéline*, 25 janvier 1963, p. 4.

Poirier, Réjean, « *L'Acadie, l'Acadie*. Un film sur "nous autres" », *L'Évangéline*, 7 janvier 1972, p. 15-16.

Poirier, Réjean, « D'une nuit à l'autre », *L'Évangéline*, 14 avril 1972, p. 9.

Poulin, Pierre, « L'Acadien à la recherche d'une Acadie », *L'Évangéline*, 15 août 1972, p. 2, 6-12.

Renaud, André, « *Le scalpel ininterrompu* », *Le Droit*, 6 octobre 1962, p. 14.

Rens, Jean-Guy, « Une saison en Acadie », *La Presse*, 17 mars 1973, p. D-3 ; repris dans *L'Évangéline*, 27 mars 1973, p. 10.

Richard, Mme Georges, « L'opinion du lecteur. Une critique appréciée », *L'Évangéline*, 18 janvier 1963, p. 4.

Roy, Michel, « Un pays à inventer », *L'Acayen*, vol. 1, n° 1, avril 1972, p. 34.

Saint-Jean, Armande, « Lettre commentaire au commissaire-adjoint de l'ONF », citée par Déléas, p. 75-79.

Savoie, Roméo, « L'opinion du lecteur. Réponse à "Une critique littéraire" », *L'Évangéline*, 21 janvier 1963, p. 4.

Thériault, Léon, « À la recherche d'un nom », *L'Acayen*, vol. 1, n° 1, avril 1972, p. 31-32, 34.

Vachon, André F., « Ronald Després », *Livres et auteurs canadiens 1962*, 1963, p. 56.

Livres

Chiasson, Euclide, André Dumont, Jacques Fortin, Arthur William Landry, Donald Poirier, Armand Roy et Lorio Roy, *Le Parti Acadien*, essai, Petit-Rocher, 1972, 153 p.

Déléas, Josette, *Léonard Forest ou le regard pionnier*, Moncton, Chaire d'études acadiennes, 1998, 117 p.

Després, Ronald, *Le balcon des dieux inachevés*, Québec, Garneau, 1968, 59 p.

Després, Ronald, *Les cloisons en vertige*, Montréal, Beauchemin, 1962, 94 p.

Després, Ronald, *Le scalpel ininterrompu*, Montréal, Éditions à la page, 1962, 137 p.

Després, Ronald, *Silences à nourrir de sang*, Montréal, Éditions d'Orphée, 1958, 103 p.

Forest, Léonard, *La jointure du temps*, essais, préface d'Anne-Marie Robichaud, Moncton, Éditions Perce-Neige, 1997, 97 p.

Divers

Després, Ronald, «Nuit de la poésie acadienne», *L'Acayen*, vol. 1, n° 2, juin 1972, p. 32.

Després, Ronald, «Source muette», *L'Évangéline*, 26 janvier 1963, p. 8.

LeBlanc, Raymond, «La question nationale chez Karl Marx», thèse de maîtrise en philosophie, Moncton, Université de Moncton, 1973, 125 f.

Letendre, Guy [Raymond LeBlanc], «Kouchibouguac», *L'Évangéline*, 30 novembre 1972, p. 7.

Raymond, Maurice, *Ronald Després et l'Acadie ou les rapports problématiques d'un auteur avec son identité*, ordinascrit, essai écrit dans le cadre du séminaire FRAN 7320, Littérature acadienne II, Université de Moncton, 41 p.

Table des matières

Avant-propos 9
1. Prémices 11
2. Le phénomène *La Sagouine* 37
3. Antonine Maillet 51
4. Un milieu artistique en effervescence 75
5. S'affirmer Acadien 97
Notes 131
Bibliographie des sources citées 141

www.ingramcontent.com/pod-product-compliance
Lightning Source LLC
Chambersburg PA
CBHW070544090426
42735CB00013B/3067